페르시아 신화

오카다 에미코 지음 | 김진희 옮김

목차

머리말— 이란인의 마음을 읽다

일본과 이란 ──────────

　일본에는 '어머니 대지', '자애로운 어머니 같은 태양 빛'이라는 말이 있다. 풍요로운 대지를 지닌 일본에서는 극히 추운 일부 시기를 제외하고는 씨앗을 뿌리면 이틀이나 사흘 길어봐야 열흘이 지나면 작은 싹이 올라온다. 근면한 일본인은 옛날부터 싹이 움트면 식물을 키우고, 열매 맺히게 하고, 이윽고 찾아올 수확의 때를 기다리며 물을 주고, 잡초를 뽑아주었다.

　예부터 페르시아라고 불린 이란에는 '대지는 잔혹한 존재', '전사의 칼날 같은 햇빛'이라는 말이 있었다. 건조하고 소금기 있는 사막에는 씨앗을 뿌려도 그 무엇 하나 움트지 않는다. 이란인에게 대지란 마음 푸근한 어머니가 아니라 우리가 죽어서 몸을 눕히길 기다리는 잔혹한 존재로 여겨졌다. 햇볕 또한 따스하게 내리쬐는 사랑이 아니다. 날카롭게 인간에게 싸움을 거는 칼날이다.

　물론 일본 전역이 풍요롭지 않은 것과 마찬가지로 이란에도 농작물이 잘 자라는 땅이 극히 일부 있고, 칼날 같은 햇볕을 견뎌낼 방법노 이란인은 살 알았나.

　하지만 이러한 자연환경 차이를 머릿속에 넣어두지 않는다면 페르시아 신화의 표현이 일본인에게는 필시 너무나도 강렬하게, 때

로는 기묘하게까지 느껴질 것이다. 이란의 자연환경은 일본인이
상상도 못 할 만큼 냉혹하다.

우리가 매일 몸으로 느끼는 햇빛, 올려다보는 무지개의 색깔, 나
뭇잎을 춤추게 하는 바람 소리 같은 것들이 몇백 년, 몇천 년의 세
월 동안 계속되면 우리가 하는 말과 동작과 마음에 그토록 많은 영
향을 주는 것일까?

우리가 평소 크게 신경 쓰지 않는 그러한 것들까지 머리에 넣어
둔 상태로 페르시아 신화의 문을 열길 바란다. 신화는 그 나라의
종교이고 철학이며 문학이기도 하고, 무엇보다 그 나라 사람들의

영혼 그 자체이기 때문이다.

또한 본서에서 사용하는 페르시아와 이란이라는 명칭에 대해서 간략하게 설명하자면 최초에는 이란인의 나라, 이란인, 이란어 등의 명칭이 사용되었다.

그러던 것이 기원전 550년부터 페르시아제국, 페르시아인, 페르시아어라고 불렸고, 1935년부터는 국호를 이란, 민족을 이란인, 언어를 페르시아어라고 칭하고 있다.

'이란'은 아리아 인종을 뜻하는 아리안이 변형된 것이고, '페르시아'는 이란 남부의 파르스 지방이라는 뜻이다. 그러므로 엄밀하게 말하면 이란이 페르시아보다 넓은 의미이다.

하지만 일반적으로, 특히 외국 문화로서 다룰 때는 이란이나 페르시아나 마찬가지지만, 문화나 문학을 지칭할 때는 페르시아라는 명칭을 사용하므로 본서에서는 페르시아 신화라는 명칭을 사용했다.

'천지창조'

매년 3월 21일, 춘분이 다가오면 이란에서는 모든 도시가 동시에 북석거리기 시작한다. 실로 정확하게 그해 지구가 태양 주위 회전을 끝마친 시점, 이란인은 이를 두고 춘분점이 양자리에 들어간 때라고 하는데, 이때를 노루즈(Nowruz, 새해)라고 부르며 축하한다. 예를 들어 1981년에는 3월 21일 2시 25분 36초에 새해가 되었다.

그러므로 새해가 되는 순간은 매년 약 6시간씩 차이가 나서 한밤중일 때도 있고 대낮일 때도 있는데, 사전에 신문이나 라디오를 통해 "올해 새해는 3월 20일 19시 3분 26초에 밝습니다"라고 보도한다. 이란은 평소 시간 약속을 잘 지키지 않는 편인데, 이렇게 새해시각을 보도하는 광경을 보면 흐뭇한 미소가 지어진다.

신화에서는 새해를 잠시드왕(Jamshid王)이 정했다고 한다. 이란 가정에서는 새해가 되면 몇 가지 정해진 물건을 장식하는데, 일본에서 정월 명절에 신을 맞이하기 위해 문 앞에 소나무 장식을 하거나 곡물을 공양하는 것처럼 대개 건강이나 풍작과 관련되는 것들이다.

예를 들어 페르시아어로 S가 들어가는 일곱 가지를 장식한다. 밀의 배아(Samanu), 사과(Seeb), 옻나무(Somagh), 마가목(Senjed), 식초(Serkeh), 마늘(Seer), 보리 모종(Sabzeh)을 7S(Haft Sin)라고 부르는데, 신년에 빼놓을 수 없는 장식품이다. 밀의 배아는 가루를, 옻나무와 마가목은 열매를, 또 보리 모종은 2주 전부터 씨앗에 물을 주어 새해에 맞추어 약 10cm 정도까지 키운 후 모종에 리본을 달아 장식한다.

그 밖에 황금빛 생선 두 마리, 색을 칠한 달걀, 그리고 불 밝힌 촛불 등도 장식한다. 「천지창조 신화」의 장을 읽으면 황금빛 생선 두 마리가 세계 재건을 꾀하는 소중한 '흰 홈(Hom) 나무'의 뿌리를 지키는 '카르(Kar) 물고기' 두 마리를 상징한다는 것을 알게 될 것이다. 하지만 건조한 이란 땅에서는 물고기를 오랫동안 키우기 어려워서

장식품 주변에 둘러앉아 신년을 축하하는 가족의 모습(출처: 이란 그림책).

일본에서 수입한다고 한다. 3월 20일경이 되면 "황금 생선이오! 황금 생선 팝니다!"라는 장사꾼의 목소리가 여기저기서 들리는데, 이란인은 이 소리를 듣고 '아아! 정월이 다가오고 있구나' 하고 실감한다.

색을 칠한 달걀도 「천지창조」의 앞부분에 나온다. 우주가 커다란 새의 알 모양을 하고 있다고 여긴 고대 이란인의 사고방식을 나타낸 것이다. 알 모양으로 된 우주가 커다란 소의 뿔 사이에서 1년마다 회전한다고 보는 견해도 있다.

정창원에서 보관 중인 「양과 나무 납힐(蠟纈) 병풍」(부분).

그리고 처음에 우주는 색깔도 형체도 없는 미립자 같은 안개 혹은 영(靈) 같은 것이 가득 찬 알 형태였기 때문에 이란인은 새해 장식 달걀에 결코 확실한 하나의 색을 칠하지 않는다. 천에 여러 가지 색깔의 물감을 칠한 후 그 천으로 달걀을 감싼다. 그러면 다양한 색깔이 층을 이루거나 혹은 섞여서 달걀 껍데기를 물들인다. 이란 사람들은 채색된 이 달걀을 보며 고대인이 생각하던 혼돈된 우주를 상상하는 것일까?

옛날부터 이어져 내려온 이란의 축제에는 신년 행사 외에 본문에 나오는 사데(Sadeh) 축제, 일본과 거의 같은 시기에 하는 동지 축제, 연말에 불을 피우는 붉은 수요일 축제 등이 있는데, 어떤 축제

든지 반드시 불을 밝힌다.

축제를 좋아하는 이란인이 촛불로 붉을 밝히는 것은 빛의 신 아후라 마즈다를 찬양하기 위함이다. 일본인하고는 인연이 없을 것 같은 아후라 마즈다라는 이름이 멀리 떨어진 일본이라는 나라에 전해져서 '마쓰다(Mazda) 전구'라는 이름으로 일본 가정의 밤을 밝히고 있다.

빛과 어둠, 백과 흑, 건강과 질병, 선과 악…. 이란인은 빛의 청정함과 아름다움보다 어둠의 무서움을 강조한다. 일본인은 강렬한 빛을 그다지 의식하지 않으며 살고, 동시에 어둠에 대한 두려움도 이란인만큼 강렬하게 느끼지 않는다. 자연환경의 차이에 따라서 그곳에 사는 사람들의 빛과 어둠에 대한 인식도 달라지는 것이다.

이란인처럼 늘 사물의 양극단을 대비시키는 사고방식을 이원론이나 선악이원론이라고 하는데, 이러한 사고방식은 고대 이란의 종교였던 조로아스터교(배화교)의 기본적인 사고방식이기도 하다. 우리는 앞으로 페르시아 신화를 살펴보며 '아아! 이것이 이원론이구나…'라는 생각이 드는 내목을 사주 만나게 될 것이다.

페르시아 문화가 일본에 건너왔음을 알려주는 것으로서 정창원의 어물(御物)을 예로 들 수 있다. 그중에 '양과 나무 납힐 병풍'이라는 것이 있다. 오른편에는 '흰 홈' 같은 성스러운 나무가, 중앙에는 동글게 말린 기다린 뿔을 기긴 양이 그려져 있는 병풍이다. 나무 뿌리 부분은 커다란 개구리의 다리처럼 생겼고, 두 마리의 '카르 물고기' 같은 것도 보인다. 양은 의심의 여지 없이 춘분부터 시작되는 양자리를 뜻한다고 한다. 이 병풍은 그야말로 페르시아 신화의 천지창조 그 자체가 아닌가?

『샤나메』와 '잠의 술잔'

페르시아 신화는 조로아스터교 신화와 전설, 또는 중세 페르시아어 전승에서 유래되었을 것으로 추정되는 것과 10세기부터 11세기에 걸쳐서 쓰인 서사시『샤나메(왕들의 책)』에서 유래한 것 등이 있다.

『샤나메』는 페르시아 서사시 시인 페르도우시(Ferdowsi, 934~1025년)가 거의 30년에 걸쳐서 엮은 이란 건국 서사시로, 그중 일부가 본서에서 소개할 페르시아 신화이다. 하지만『샤나메』에는 천지창조 부분은 없고, 제1대 왕 케유마르스(Keyumars)부터 시작된다.

원시 인간 케유마르스(『샤나메』에서는 초대 왕)의 목숨이 다한 후 그곳에서 리바스(Rivas, 대황)라는 풀이 자라났다는 내용은 조로아스터교의 전설에 따른 것이다. 이 풀 두 개가 서로 뒤얽힌 상태로 싹터서 이윽고 남녀의 형태가 되었다고 하는데, 이것이 사막의 땅 페르시아의 전승이라는 점이 흥미롭다. 리바스 잎사귀가 심장처럼 생겨서 거기에서 인간이 탄생했다고 상상했는지도 모르겠다.

오늘날에도 이란 달력으로 새해 첫날부터 열세 번째 날에 해당하는 날에 축제를 여는데, 그날 여자아이들은 풀과 풀을 서로 묶거

정창원에서 보관 중인 유리잔.

나 얽히게 한 후 하루빨리 남편 될 사람을 만나게 해달라고 기도한다.

'사데 축제'의 기원도 「건국 신화」의 장에서 설명하겠지만, 고대 이란인은 1년을 여름과 겨울로 나누고 10월 23일부터 다섯 달 동안을 겨울로 여겼고, 나머지 일곱 달 동안을 여름으로 여겼다. 그리고 10월 23일부터 셈하여 100일째 되는 날(사데), 일본 달력으로 1월 30일을 가장 추운 날로 여겨 한기를 쫓기 위해 불을 피우고 축제를 거행한 것이다. 현재는 '사데 축제'를 하는 지역이 적어졌다.

이란인은 기원전 6세기 유적 페르세폴리스(Persepolis)를 오늘날에도 '잠시드의 옥좌'라고 부른다. 이 사실을 통해서도 추측할 수 있는 것처럼 페르시아 신화에 나오는 수많은 왕 중에서 잠시드왕이 이란인 마음속에서는 '왕 중의 왕'이다.

그런데 기원이 동일한 잠시드왕이 인도 신화에서는 명계(冥界, 죽은 자들의 왕국)의 신 야마(Yama)로 불리고, 불교에 들어가서는 우리에게도 익숙한 지옥의 염라대왕이 된다.

페르시아 신화에서 잠시드왕은 이란의 새해를 정했을 뿐 아니라 그 유명한 '잠시드의 술잔'을 가지고 있었다. 줄여서 '잠의 술잔'이라고 부르는 이 술잔을 왕이 손에 들면 이 세상 어디에서 일어나는 일이든 술잔에 모두 비쳤다고 한다. 이에 환상을 사랑한 이란의 화가와 시인은 예로부터 '잠의 술잔'을 제재로 곧잘 미니아튀르(세밀화)를 그리고 시를 읊었다.

정창원에서 보관하는 어물(御物) 중에서도 찾아볼 수 있는데, 페르시아에서 전래된 아름다운 고대 유리 술잔을 볼 기회가 생긴다면 전 세계에서 일어나는 일이 그 반짝이는 유리 안에 비치고 있지 않을까 하고 상상해보라. 그 또한 하나의 즐거움이 될 것이다.

뱀왕 자하크

1979년 이란은 팔레비 왕조를 무너뜨리고 이슬람 공화국이 되었다. 오랫동안 국왕의 압정으로 고통받던 국민이 들고일어난 광경을 표현하기 위해서 도시에 수많은 포스터가 나붙었다. 포스터에 그려진 국왕을 보면 양어깨에서 뱀이 자라나 있다. 사람들은 신화에 나오는 포악한 뱀왕 자하크를 생각했던 것이다.

우리가 생각하는 혁명이란 과거와 절연하기 위해서 하는 것이다. 그런데 이란에서는 혁명을 일으키며 너무나도 유럽화한 현대이란을 비판했으면서, 무찔러야 하는 왕은 신화 속에 등장하는 악역, 뱀왕으로 묘사했다. 신화가 그만큼 사람들 마음속에 깊이 뿌리내리고 있는 것이다.

선정을 베풀던 잠시드왕의 뒤를 이어서 사악한 뱀왕이 왕좌에 오른다. 그야말로 빛과 대비되는 암흑시대이다. 조로아스터교의 전설에 따르면 이 커다란 뱀은 "세 개의 머리, 세 개의 입, 여섯 개의 눈, 천 가지 술법을 사용할 줄 아는 마물"이라고 하는데, 『샤나메』에서 뱀왕은 아랍의 왕이며 그의 자손은 언제나 이란을 위협하

사악한 뱀왕 자하크.

고 악정을 펼친다고 한다.

고대 이란인은 여러 적들을 상정하고 있다. 적은 주로 이란을 둘러싸고 있는 아랍, 룸(Rum, 그리스), 투란(Turan, 튀르크)이며 때때로 변경의 원주민이나 자연현상일 때도 있다. 신화에 나오는 아랍계와 튀르크계 민족이 살던 지역은 오늘날 각각의 나라가 있는 위치와 일치하지 않는다.

말수가 없는 귀한 암소 비르마야(Birmaya)는 원시 소를 연상시킨다. 제1장에서 신이 동물을 창조할 때 가장 먼서 인간을 창조하고, 인간을 창조한 것과 같은 흙으로 창조한 것이 빛나는 암소이다. 소가 인도·이란계 민족에게 무척 소중한 동물임을 알 수 있다. 이 세상에 둘도 없이 아름다운 암소 비르마야를 뱀왕이 죽이는데, 그때까지 장차 왕이 될 어린 페레이둔(Fereydun)을 키우고 있었다.

이 부분은 제5장 「영웅시대」에 나오는 신령한 새가 키운 왕자 이야기와 매우 흡사하다. 예로부터 버려진 아이를 동물이 돌보는 이야기는 많다. 예를 들어 그리스 신화에는 신탁에 따라 버려져 목동손에 자란 오이디푸스왕, 산에 버려져 암사슴에게 길러진 헤라클레스와 알레오스 등의 이야기가 있다. 또 페르시아제국을 세운 키루스 대왕은 암캐가 길렀다고 전해지고, 로물루스와 레무스가 늑대의 젖을 먹고 자라서 로마를 건국한 전설도 유명하다.

사악한 왕을 무찌르는 자는 용감한 대장장이 카베(Kaveh)이다. 사산 왕조 시대부터 정의로운 대장장이 이야기가 전설로 내려오지만, 조로아스터교 전설에서는 카베라는 이름은 나오지 않는다.

팔레비 왕조 시대였던 1971년에 이란 건국 2,500년 축제가 개최되었는데 그때 퍼레이드에서는 사산 왕조를 상징하는 '대장장이 문양' 깃발이 화려하고 자랑스럽게 바람에 펄럭였다.

선왕 페레이둔

신화에 나오는 페레이둔왕은 잠시드왕에 버금가는 선정을 베푼 왕으로 알려져 있다. 뱀왕 사하그가 시배하던 오랜 어둠 시대를 끝낸 공이 있기 때문이다. 페레이둔왕의 세 왕자의 신부 찾기와 지혜 문답도 세밀화의 제재로 쓰여 유명하다. 그리고 세 왕자에게 나라를 나누어주는 대목에서 처음으로 이란, 튀르크, 그리스라는 세 개의 나라가 등장한다.

부왕(父王)이 장남 살름(Salm)에게는 룸(그리스)과 서방을, 차남 투르(Tur)에게는 투란(튀르키스탄 지역)과 지나(중국)를, 그리고 막내 이라즈(Iraj)에게는 이란을 준다. 그래서 형들이 이라즈에게 원한을 품고, 결국 차남 투르가 이라즈를 죽인다. 이후 페르시아 신화에서는 언제나 다른 적들보다 훨씬 깊은 증오를 담아서 투란인을 묘사한다.

이란이 선신 아후라 마즈다라면 투란은 악신 아리만이어서 그야말로 선과 악의 대립이다. 하지만 악한 존재는 제거되어야만 한다. 그래서 페르시아 신화에서는 투란이 마침내 정의로운 이란에 의해 멸망당하는 것으로 나온다.

페르시아의 영웅 전설 ———

페르시아 신화에는 다른 나라의 신화와 달리 신들이 그리 많이 나오지 않는다. 그 이유 중 하나로 이란이 이슬람화한 후에 신화 『샤나메』가 쓰인 점을 들 수 있다. 신들은 이란인이 이슬람교 이전에 믿었던 조로아스터교의 신화와 전설, 페르시아 신화의 초기 부분 군데군데에서 얼굴을 내밀 뿐이다. 이슬람교는 유일신교이므로 신은 오직 알라뿐이며, 알라는 인간이 그 형상을 상상할 수 없다.

물론 이슬람교에서는 '신들'이라는 복수 표현도 허용되지 않는다.

페르시아 신화에서는 신들에 관한 묘사가 그다지 나오지 않지만, 그 대신 신통력을 지닌 동물이 나온다. 제5장 「영웅시대」에서 살펴볼 신령한 새 시무르그를 조로아스터교 전설에서는 사에나(Saena) 새라고 부른다. 이 새는 후대 페르시아 문학에도 종종 등장하고, 오늘날 동화에도 등장한다. 이란인은 예상치 못한 난관에 부딪히면 자애로운 시무르그가 커다란 날개를 펼치고 구하러 온다고 믿는다.

페르시아 신화도 영웅시대에 접어들면 역대 왕조 이야기에서 곁길로 새어 영웅호걸을 다루기 시작한다. 등장하는 영웅들은 대담하고 생동감 넘치게 행동하여 그야말로 인간 모습으로 변한 신들이 아닐까 싶은 생각이 든다.

뭐니 뭐니 해도 최고의 영웅은 700년이나 산 로스탐이다. 하지만 로스탐 가문, 즉 나리만(Nariman) 일족은 고대 페르시아 문헌에는 등장하지 않는다. 오히려 이란 동남부의 시스탄(Sistan)에서 예로부터 전해 내려온 이야기일 것으로 추정된다. 예로부터 이 지역에서 용감무쌍한 사카족(Saka)이 살았기 때문에 흔히 '시스탄 전설' 혹은 '사카족 전설'이라고 한다.

페르시아 신화 『샤나메』가 재미있는 이유는 바로 이 영웅 전설 때문이다. 본서는 '신화'의 필요성을 충족시키기 위해 전지창조부터 다루었으나, 이야기로서 흥미진진한 '로스탐의 일생'은 모두 담지 못했다. 하지만 '로스탐 신화'에는 무용담, 영웅의 로맨스, 인생,

새에게 길러진 백발 아기 신화를 그린 세밀화(본문 101쪽 참조).

운명이란 무엇인가와 같은 다양한 주제가 포함되어 있다.

「영웅시대」의 마지막에 나오는 '아버지와 아들의 전투'에서는 운명에 대한 이란인의 사고방식이 잘 드러난다. 본서에서는 '순환하는 천륜'이라는 용어로 거의 통일했는데, 우리 운명은 우리 손으로는 어찌할 방도가 없다. 하늘의 운명, 순환하는 별의 운명, 또는 신의 운명이라고 해도 과언이 아니다. 그러한 눈에 보이지 않는 손에 의해서 우리는 조종당한다. 우리는 '순환하는 천륜'이 가져다주는 행운에 기뻐하고 불행에 눈물 흘린다.

또 이란인은 현세를 한때의 야단법석을 즐기는 임시 숙소로 여긴다. 이 세상에 집착해서는 안 된다. 그 누구도 이 세상에 영원히 머물 수 없으니까…라는 이야기가 반복적으로 나온다.

이란은 7세기를 기점으로 커다란 변화를 겪었다. 앞서도 언급했지만, 그때까지 이란인을 정신적으로 뒷받침했던 조로아스터교를 폐지하고, 거의 전 국민이 이슬람교로 개종했다. 전 국민의 종교가 어느 시점에 갑자기 변한 것이다. 우리로서는 상상도 할 수 없는 일이다.

그 후 거의 12세기에 걸쳐서 현재 일신교인 이슬람교가 완전히 정착된 것 같다. 하지만 이란인은 툭하면 빛과 어둠, 선과 악의 이원론적인 사고방식으로 돌아간다. 그리고 때로는 '페르시아 신화'에서 사례를 구하고, 때로는 '뱀왕'을 포스터에 그려 넣는다.

신화는 그만큼 그 나라 사람들의 정신에 뿌리 깊게 자리 잡고 있는 것이다. 본서에서는 페르시아 신화를 통해서 이란인의 혼과 이란인의 마음을 읽어보려고 한다.

I . 천지창조 신화

우주의 시작

거기에 있는 것은 색도 형상도 없다. 그렇다면 아무것도 없는 것일까? 아니다. 무엇인가가 있다. 아무 색도 없는 것일까? 아니다. 색이 나타나기 전의 혼돈스러운 색채는 있으나, 사람 눈에 보이는 색이나 형상이 아니었다.

한없이 세밀한 입자의 집합, 맑은 안개나 영(靈)과 같은 것이 우주를 가득 채우고 있었다.

그 상태로 3,000년의 시간이 흘렀다.

사람으로는 상상도 할 수 없는 커다란 형태, 우주는 새가 낳은 알, 거대한 새의 알 형태를 하고 있었다. 3,000년 동안 알 모양을 한 우주 속에 삼라만상이 잠재되어 있었다.

그러한 긴 시간이 지난 후에야 비로소 사물의 형태가 보이기 시작했다. 아득히 높은 천상계에서 밝은 빛이, 저 깊은 하계에서 어둠이 보이기 시작했다. 빛의 천상계에는 선신 아후라 마즈다가, 하계의 어둠 속 심연에는 악신 아리만이 있다.

형태가 나타나고 처음 3,000년 동안은 선신 아후라 마즈다가 천지를 창조한 시대이다. 다음 3,000년은 선신과 악신이 전쟁을 벌인 시대이다. 그리고 마지막 3,000년이 우리가 사는 현세이다. 고대 이린인은 알 형태로 된 우주의 처음부터 현세의 끝까지를 각 3,000년씩으로 이루어진 네 번의 분기, 총 1만 2,000년의 시간으로 보았다.

천지창조의 시대

우주에 형태가 나타나고 빛과 어둠으로 나누어졌을 때 어둠의 마신(魔神) 아리만은 저 위에 있는 천상계를 올려다보고 빛의 세계를 공격해야겠다고 생각했다. 마신은 어둠 깊은 곳에서 천상계를 향해 올라갔다.

하지만 빛은 그야말로 강하고 아름다운 힘을 가지고 있었다. 아리만은 도저히 당해낼 수 없다며 다시 하계로 내려왔다. 그리고 암흑세계에서 저 빛나는 힘에 대항할 마의 대군을 조직하기로 한다.

선신 아후라 마즈다는 어둠의 마신이 이미 전쟁 준비에 들어갔음을 알고 있었다. 이에 첫 번째 3,000년의 시작을 알리는 의미로 빛과 어둠이 대결을 하자고 제안했다. 그리고 마신이 이에 응하자 즉시 빛의 주문을 외웠다. 그러자 빛의 힘이 암흑 신을 동여 묶었다. 악신 아리만은 어둠 깊은 곳에 쓰러진 채 3,000년 동안 꼼짝도 하지 못했다.

하지만 선신 아후라 마즈다는 첫 번째 3,000년이 지나면 마신이 다시 힘을 얻어 전쟁을 걸어오리라는 것을 알고 있었다. 마신이 움직이지 못하는 동안 선신은 혼돈된 우주에서 형태 있는 것을 창조하기 시작했다.

먼저 하늘을 창조했다.

하늘은 빛나는 금속과 같은, 혹은 커다란 돌과 같은 물질이었다고 한다. 하늘과 함께 천계를 창조했다. 천계에서는 악신과 전쟁할 때 출진할 전사, 648만 개의 별이 눈부시게 빛났다. 하늘의 동서남

북에는 별 전사들에게 명령을 내릴 무장, 큰 별이 자리 잡았다.

다음으로 달이, 그리고 태양이 빛을 발하기 시작했다. 아후라 마즈다 신은 40일 동안 하늘을 장식하고, 5일 동안 휴식했다.

다음 55일 동안은 물을 창조했다.

물은 바다로 흘러들고, 바다는 대지의 3분의 1을 차지한다. 그 후 5일 동안 신은 휴식했다.

물 다음에는 대지를 창조했다.

원형의 평탄한 대지를 70일 동안 창조하자 마치 식물이 자라나듯이 거기에서 여러 산이 솟아났다.

5일 동안 휴식한 후 아후라 마즈다 신은 지상의 첫 번째 생명을 창조했다.

첫 생명은 식물이었다. 그 식물은 바닷속에 뿌리를 내리고 하늘까지 가지를 뻗었다. 가지들에서 다양한 식물이 태어났다. 첫 번째 식물을 원초목이라고 한다. 25일 동안 식물을 창조한 후 동물을 창조하기에 앞서 5일 동안 휴식했다.

지상에 나타난 첫 번째 동물은 반짝이는 달빛처럼 티 없이 맑은 하얀 수소였다. 신이 75일 동안 흙을 반죽하여 창조한 소를 원시우라고 한다.

빛의 신은 규칙적으로 5일 동안 휴식한 후에 마지막으로 원시 인간 케유마르스를 창조했다. 소를 창조했던 것과 같은 흙으로 인간의 형태를 만들 때까지 70일이 걸렸다.

그리고 아후라 마즈다 신은 마지막 5일 동안 휴식을 즐겼다.

신은 하늘, 물, 대지, 원초목, 원시우, 원시 인간 케유마르스의 여섯 가지를 창조하고 각각 5일 동안 휴식하여 총 365일이 걸렸다.

원시 인간 케유마르스는 오늘날 우리가 보는 것과 같은 하늘을 보았다. 바다에는 거대한 나무가 자라나 있고, 지상은 아름다운 수소가 사는 세상이 되었다.

이리하여 마신 아리만이 주문에 묶여 있던 첫 번째 3,000년이 지났다.

빛과 어둠의 전쟁

낮과 밤, 아후라 마즈다와 아리만의 힘이 대등해지는 춘분에 춘분점(적도와 황도가 만나는 두 교점)이 양자리에 들어가면 암흑세계에 묶여 있던 악신 아리만이 힘을 얻고 기운을 되찾는다. 3,000년이 지나자 빛의 신이 걸었던 주문이 힘을 잃었다.

두 번째 3,000년은 선과 악, 빛과 어둠, 아후라 마즈다와 아리만이 서로의 창조물로 전쟁을 벌이며 힘을 겨루는 시대이다.

어둠의 마신이 땅속 군대를 이끌고 지상으로 올라오자 대지가 적을 쫓으려고 크게 몸을 떨어 대지진이 일어났다.

이때 엘부르즈산과 이 산과 연결된 신들이 대지를 수호하고 지상에 사는 생명을 보호하기 위해 차례로 융기했다. 산들이 땅속에서 뿌리를 서로 단단하게 연결시켜서 대지는 강하고 단단하고 무거운 성질을 가지게 되었다.

마신이 온갖 해악을 끼치는 동물, 개구리, 뱀, 전갈, 독도마뱀 등을 창조하자 빛의 신이 이것들을 박멸하기 위해 천계에서 시리우스 별을 내려보냈다. 시리우스 별은 사람, 말, 소 등으로 변신하여 이것들과 싸웠고, 30일 동안 밤낮을 가리지 않고 눈을 찌를 듯한 빛을 뿜었으며, 마지막으로 큰비를 내리자 대지가 순식간에 많은 물에 잠겨 마물(魔物)이 전멸했다.

하지만 독과 악취가 대지로 스며들었다. 이를 없애기 위해 빛의 신은 시리우스 별을 천마(天馬)의 모습으로 바꾸었다.

흰 천마가 긴 꼬리를 휘두르며 내려오자 이에 꼬리 짧은 흑마가 대항했다. 흑마는 어둠 마신의 명령으로 모습을 바꾼 가뭄의 신이었다.

천마로 변신한 시리우스 별은 천상계 빛의 신에게 도움을 받아 흑마로 변신한 가뭄의 신을 쫓는 데 성공했다.

땅을 덮고 있던 많은 물은 불어온 바람에 떠밀려 바다로 흘러들었다. 고대 이란인이 대지의 바깥쪽에 있다고 생각한 보루카사해 (Vourukasa海)가 이것이다.

시리우스 별이 바닷물을 다시 퍼올려, 크고 작은 여러 가지 크기의 물방울을 만들어 다시 열흘 밤낮으로 비를 내리자 대지가 촉촉해졌다.

이윽고 대지는 일곱 개의 대륙으로 나누어졌다.

평탄한 원형이던 대지는 동, 서, 남동, 남서, 북동, 북서쪽에 6개의 대륙 그리고 이것들에 둘러싸인 가장 광대하고 비옥한 대륙, 이란으로 나누어졌다.

일곱 대륙의 바깥쪽에서는 엘부르즈산맥이 대지의 바깥 테두리를 목걸이처럼 빙 두르고 있다. 그리고 대홍수가 바람에 쓸려가서 만들어진 보루카사해가 그 바깥을 고리 모양으로 둘러싸고 있다. 이것이 고대 이란인이 생각한 세계의 전체 모습이다.

가뭄의 마력은 제거되었지만, 땅속에는 마신의 독이 남아서 염분을 머금은 물이 바다로 흘러들고 있다. 원초목은 악신의 공격을 받아서 말라 쓰러졌다. 초목을 관장하는 신은 말라 죽은 원초목을 가루로 만든 후 시리우스 별의 물에 섞어서 대지에 비로 내리게 했다. 그러자 순식간에 만 가지 약초가 돋아났다. 이것들은 곧 마신이 창조한 만 가지 병마와 싸우게 된다.

그러는 사이에 말라 죽은 원초목 대신에 셀 수 없을 정도로 많은 열매가 달리는 나무가 보루카사해 한가운데서 자라나 하늘을 향해 가지를 뻗었다. 이 나무는 무척이나 가지와 나뭇잎이 무성하고 너무나도 컸기 때문에 신령한 새 시무르그가 거기에 둥지를 틀었다. 신령한 새 시무르그를 사에나라고도 부르기 때문에 이 나무를 '사에나 나무'라고도 한다.

보루카사해에는 나무가 하나 더 생겼다. '흰 홈 나무'라고 불리는 나무로, 악신 아리만이 창조한 노쇠에 대항할 장수의 영약이 이 나무로 만들어진다. 또 빛의 신이 신령한 '흰 홈 나무'로 악신이 재난을 일으킨 세계를 재건하려고 하는데, 악신이 공격해왔다.

악신이 거대한 개구리를 창조한 것이다. 바닷속 깊은 곳에 살면서 '흰 홈 나무'의 뿌리를 파먹으려는 것이었다. 이에 선신이 물고기 두 마리를 창조하여 '흰 홈 나무'의 뿌리를 지키게 한다. '카르 물고기'라고 부르는 이 신령한 물고기는 아무것도 먹지 않고 살 수 있다.

세계가 멸망하지 않는 것은 '흰 홈 나무' 덕분이고, 악신이 창조한 거대한 개구리가 이 나무를 파괴하지 못하는 것은 날카로운 침을 가진 '카르 물고기' 두 마리가 늘 나무뿌리 주변에서 감시하고 있기 때문이다.

희고 빛나는 아름다운 수소, 원시우는 악신의 공격을 받고 죽고 만다. 그러자 아름다운 소의 생명 씨앗이 천상계로 올라가 달빛에 의해 정화되었고 이윽고 수소와 암소가, 계속해서 암수 동물 282종류가 창조되었다.

마지막으로 선신이 창조한 원시 인간 케유마르스는 어떻게 되었을까? 이에 관해서는 두 가지 설이 있다.

첫 번째 설에 따르면 원시우가 죽은 후 케유마르스도 병에 걸린다. 그는 마르고 쇠약해져서 30년 후에 쓰러지지만, 그의 생명 씨앗은 태양 빛에 의해 정화된 후 대지로 돌아가서 40년 동안 보존된다.

이윽고 그 씨앗에서 리바스(대황)가 움튼다. 남자와 여자의 형태를 띤 이 풀은 서로 뒤얽힌 상태로 자라난다. 마샤(Mashya)와 마샤나(Mashyana)라고 불리는 남녀는 사실 남매인데, 두 사람 사이에서 이윽고 남녀 쌍둥이가 태어난다. 그러자 어떻게 됐을까? 마샤와 마샤나가 그야말로 보드라운 이 아이들을 잡아먹는다.

신들이 매우 놀라서 남매한테서 자식을 잡아먹는 성질을 제거하자 그 후로 차츰 자손이 늘어나게 되었다. 이란인, 아라비아인, 튀르크인, 인도인, 중국인의 시조는 이리하여 생겨난 것이다.

원시 인간 케유마르스에 관한 두 번째 설은 이란 최초의 왕이 되어 30년 동안 통치했다는 것이다.

우리는 두 번째 설에 따라서 이란 신화를 계속해서 살펴보려고 한다.

지금까지 우리는 세 번째 3,000년 동안 빛과 어둠이 벌인 전쟁을 살펴보았다. 그리고 드디어 마지막 3,000년에 돌입한다. 우주가 시작되고 9,000년 후 시대이다. 이것이 바로 우리가 현재 살고 있는 세계이다.

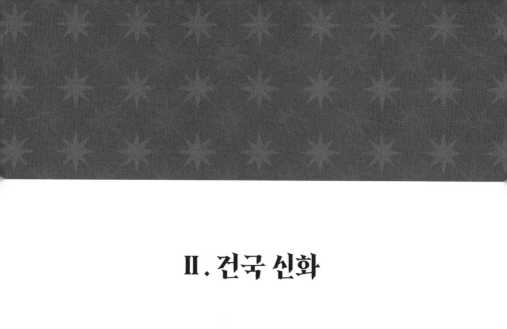

II. 건국 신화

케유마르스부터 잠시드왕까지 ─────

　케유마르스(Keyumars)는 세상의 왕이 되어서 산에 살았다. 원시에는 왕도 시종도 몸에 두를 것이라고는 표범 가죽밖에 없었지만, 모든 인간과 동물들이 왕에게 기도를 올릴 정도로 왕은 위엄으로 빛났다.

　케유마르스에게는 건강하게 자란 아들이 딱 한 명 있었다.

　하지만 왕의 뒤를 이어야 할 이 젊은이는 악신 아리만의 자식과 싸우다가 못된 계략에 빠져서 날카로운 손톱에 갈가리 찢겨 죽고 만다. 밝던 케유마르스의 얼굴에서 1년 동안 웃음이 사라졌다.

　이제 슬픔에 찬 왕에게 남은 희망은 오직 하나, 그것은 하나뿐인 손자 후샹(Hushang)이었다. 케유마르스는 손자가 성장하길 기다렸다가 숙적 아리만의 자식에게 전쟁을 선포했다.

　이 세상에 셀 수 없을 정도로 많은 악의 씨앗, 즉 질병을 보낸 어둠의 왕 아리만 못지않게 그의 자식 또한 늑대처럼 사나웠다. 케유마르스는 젊고 늠름한 손자를 선두에 세우고, 왕의 위엄에 복종하는 야수와 맹수 대군을 이끌고 전진했다. 이들에게 검은 악마 군단도 대적할 수 있을 리 없다. 흙먼지가 검은 연기처럼 피어올랐고 군병, 맹수, 악귀들의 무시무시한 울부짖음 소리가 울려 퍼지는 가운데 드디어 검은 악마의 사식이 후샹 왕자의 짊고 강인한 손에 갈가리 찢겨졌다.

　하지만 이 전쟁에서 조부왕 케유마르스는 하늘로부터 부여받았던 생명을 다시 하늘로 돌려보냈다. 이 세상의 첫 왕이었던 케유마르스는 30년간 세상을 통치하고 세상을 떴다.

　왕위에 오른 후샹은 광석에서 철을 추출하여 그것으로 농기구를 만드는 기술을 사람들에게 가르쳤다. 강에서 물을 끌어와 황야를 밭으로 바꾼 사람도 후샹왕이다.

　사람들은 땅을 경작하고, 씨를 뿌리고, 땅의 은혜를 수확하고, 빵을 만드는 방법을 익혔다.

　그리고 이때까지 사람들 대부분은 나뭇잎으로 의복을 만들어 입었고, 동물 모피라고는 표범 모피밖에는 몰랐는데, 후샹왕이 다람쥐, 족제비, 여우, 담비 등의 여러 동물의 모피도 입을 수 있다고 가르쳤다.

　철로 농기구를 만든 것으로 미루어보아 후샹왕 시대에는 이미 세상에 불이 출현했을 것이다.

　불은 다음과 같이 발견되었다.

　어느 날 왕이 수행원을 데리고 산길을 오르고 있었는데 검고 커다란 띠와 같은 것이 나타났다. 눈은 붉게 불타고, 입으로는 끊임없이 검은 연기를 내뿜는 무시무시한 큰 뱀이었다. 왕은 뱀을 노려보며 돌을 들어 던졌다.

　이때 돌이 돌과 부딪쳐서 불똥이 튀었다. 오오, 반짝이는 빛, 타오르는 불! 왕은 불을 불에 세게 내리쳐서 불똥으로부터 불을 만들어내는 방법을 발견했다. 그리고 철이 만들어진 후에는 돌에 철을 내리쳐서 더 손쉽게 불을 얻게 된다.

왕은 불이라는 선물을 준 신에게 감사하며 그날 밤 불을 지피고 그 주변을 돌며 기도를 올렸다. 여기에서 유래한 불 축제가 '사데(100일째) 축제'인데, 오늘날에도 그 풍습이 남아 있는 지역이 있다.

고대 이란인은 1년을 일곱 달 동안의 여름과 다섯 달 동안의 겨울로 나누었다. 겨울이 시작되는 날로부터 100일째(사데, 현재의 1월 30일) 되는 날에 큰 불을 피우고 입춘을 축하하는 행사를 한다.

사데 불 축제는 신화 속에서 후샹왕이 처음으로 시작한 것이다.

후샹왕은 40년 동안 이 세상을 다스리고 세상을 떴다. 그 후 그의 아들 타무라스(Tahmuras)가 왕위에 올랐다.

타무라스왕도 현명한 왕이었다.

왕은 실을 자아내는 방법, 천과 융단을 짜는 방법을 가르쳤다. 독수리와 닭처럼 사람 손으로 길들일 수 있는 동물과 야산에 사는 산짐승을 구분 지었다.

하지만 후세에 남겨진 타무라스왕의 가장 큰 공적은 세상의 악마들을 차례로 동여 묶은 일일 것이다. 하물며 왕은 악마들을 죽이지 않았다. 그들이 알고 있는 문자와 말을 익히려고 했다. 타무라스왕은 페르시아어(현재 이란에서 사용하는 말), 아라비아어, 그리스어, 중국어 등 서른 개 가까이 되는 말을 익혔다.

이리하여 타무라스왕의 30년에 걸친 치세도 끝났고, 드디어 잠시드왕이 왕위에 올랐다.

전 세계 모든 왕 중의 왕, 잠시드왕은 700년 동안 이란을 다스렸다. 왕은 그 이전의 어느 왕보다도 사려 깊고 자애롭고 정의로운 왕이었다. 그는 갖가지 좋은 것들을 사람들에게 가르치며 온 나라에 올바른 관습을 퍼뜨렸는데, 그중에는 다른 그 어떤 왕도 하지 않았던 것이 있다.

그중 하나가 신분 제도를 제정한 것이다. 사제, 병사, 농민, 직공의 네 단계 신분제가 그것이다. 잠시드왕은 또한 노루즈(신년)를 제정하여 사람들과 함께 봄의 새로운 날을 축하했다. 그날은 초목이 움트는 파르바르딘달(Farvardin月, 3월 21일~4월 20일)의 첫날이며, 오늘날의 춘분(3월 20일)에 해당한다. 오늘날에도 이란 달력은 춘분부터 시작된다.

그리고 잠시드왕 시대에 있었던 가장 신비로운 물건은 '잠의 술잔'이라고 불리는 아름다운 반구형 유리잔이다. 잠시드왕이 이 술잔을 손에 들면 이 세상에서 일어나는 모든 일이 술잔 속에 비쳐서 왕은 옥좌에 앉아서 모든 일을 올바르게 판단할 수 있었다.

이 신비로운 술잔의 힘으로 잠시드왕이 다스린 세상은 700년간 번영했다. 왕의 위엄 넘치는 덕성이 온 나라에 두루 미쳤고 사람들은 평화를 즐겼다. 사람들이 천으로 옷을 만들고, 집을 짓고, 목욕탕을 건설하는 방법을 익힌 것이 이 시대이다. 또한 왕은 물 위에 처음으로 배를 띄워 사람들을 놀라게 했다. 그리고 외적의 침략에 대비하여 철제 무기를 만들었다.

잠시드왕의 자만

이처럼 잠시드왕(Jamshid王)이 다스린 정의 시대에는 온 나라가 더할 나위 없이 훌륭하고 아름다운 정원과 같았다. 사람들은 잠시드왕을 존경하고 좋아하여 왕이 어떠한 명령을 내리더라도 따랐다.

그러나 이 뛰어난 통치자도 힘이 다한 때가 온 듯하다. 왕은 갑자기 자신의 힘을 뽐내며 자신의 위광이 무한할 것이라고 생각하기 시작했다.

왕은 고관들을 모아놓고 다음과 같이 말했다.

"이 세상에 짐 이외의 다른 왕은 없느니라. 이 세상에 온갖 기예를 퍼뜨린 이도 짐이고, 세상에 평온을 가져온 이도 짐이다. 너희의 음식, 의복, 수면, 온갖 평안은 짐이 내어준 것이다. 너희는 이와 같은 왕을 창조주라고 불러야 하느니라."

잠시드왕이 자만하여 사람들에게 자신을 세상의 창조주라고 부르라고 하자 행운이 왕에게 등을 돌렸다.

사람들은 더 이상 전처럼 왕을 사랑하지 않았다. 사람들은 차츰 왕을 험담하기 시작했고, 때로는 왕의 명령에 반항하기도 했다.

"어찌 된 일이지?"

그제야 왕은 자신이 자만하여 거만하게 굴었음을 깨달았다. 잘못을 뉘우치고 온 나라 사람들에게 용서를 빌자…. 하지만 이미 때가 늦어서 잠시드왕과 달리 비열하고 백성을 사랑하지도 않으며 부도덕한 것으로 유명한 아랍의 자하크왕이 군대를 이끌고 이란으로 오고 있었다.

잠시드왕의 빛이 흐려지기 시작했구나. 지금이 이란을 손에 넣을 때다. 자하크의 가슴에서 검은 불꽃이 타올랐다.

뱀왕 자하크

이보다 앞선 시기에, 사막 땅에 사람들의 신망을 얻어 공정한 왕이라는 찬탄을 받던 마르다스왕(Mardas王)이 있었다.

그에게는 자하크라는 왕자가 있어서 모든 부성애를 그 왕자에게 쏟아부으며 양육했다. 그런데 악신 아리만이 대담하기는 하나 사려가 부족한 이 젊은 왕자 자하크를 악한 길로 끌어들이려고 한 가지 계략을 세웠다.

악신 아리만의 계략은 사람들 사이에 다툼의 씨앗을 뿌려 세상을 혼란에 빠뜨리는 것이었다. 악신은 선한 사람의 모습을 하고 자하크 왕자 앞에 나타나 무서운 이야기를 속삭였다.

"자하크 왕자여, 한 가지 비밀을 너에게 들려주겠노라. 하지만 그 누구에게도 이를 말해서는 안 되느니라."

왕자는 본디 사려가 깊은 편이 아니었다. 그리하여 즉시 악신이 놓은 넛에 걸려들었다. 부왕에게소자 결고 비밀을 누실하시 않겠다고 맹세하자 왕자의 귓가에 대고 악신이 다시금 속삭였다.

"너처럼 젊고 훌륭한 왕자를 두고 네 아비는 대체 언제까지 왕으로 군림할 셈인가? 왕은 이미 노쇠했다. 망설일 필요가 없다. 부왕을 제거하고 네가 왕이 되어라. 훌륭한 성, 용맹한 군대, 빛나는 재산과 보물, 그 모든 것이 네 것이다."

자하크 왕자의 신중하지 못한 마음에서 사악한 싹이 고개를 쳐들었다. 그런데 아버지를 어떻게 죽여야 할까? 악신이 재빨리 왕자의 귓가에서 꼬드겼다.

"너는 아무것도 생각할 필요가 없다. 나에게 맡기면 된다. 모든 것이 내 가슴속에 있다."

어진 마르다스왕의 성에는 아름다운 정원이 있었다. 왕은 매일 새벽 해가 뜨기 전에 정원에 나와 예배하는 것이 관례였다. 마음이 청정한 마르다스왕은 신을 믿고, 신에게 기도하고, 신에게 감사를 올리는 것을 하루를 시작하는 의식으로 삼고 있었다.

악신 아리만은 왕이 새벽에 걷는 길에 깊고 컴컴한 구덩이를 파고 그 위를 나뭇가지와 잎사귀로 덮었다. 다음 날 아침, 왕은 불행히도 구덩이에 빠졌고 그의 생명은 하늘로 돌아갔다.

자하크는 왕이 되었고, 부왕의 공정한 왕좌를 사악한 왕좌로 바꾸어놓았다.

악신 아리만은 말솜씨가 뛰어난 젊은이의 모습으로 변신하여 새로운 왕 자하크 앞에 나아가 이렇게 청했다.

"저는 세상에서 찾아보기 힘든 뛰어난 요리사입니다. 요리 실력이 저를 능가할 사람은 없습니다."

자하크왕이 왕궁 조리실을 이자에게 맡기자 눈이 휘둥그레질 만한 식탁을 왕 앞에 차려놓았다. 이 나라에서는 그때까지 고기를 거의 먹지 않았는데, 요리사로 변신한 악신이 동물을 도살하는 것을 생각해낸 것이다.

악신은 새와 짐승, 지금껏 맛본 적 없는 진귀한 요리를 차례차례로 만들어 자하크왕을 즐겁게 했다. 진귀한 새의 알 요리, 흰 꿩 요리, 새와 어린 양으로 만든 요리 등 한 번도 같은 요리가 나오지 않았다. 왕의 감탄이 놀라움으로 바뀔 정도였다.

나흘째 되던 날, 송아지 고기에 향기로운 사프란과 사향(향료의 일종)이 곁들여져 나온 것을 보고 자하크왕은 요리사를 어전으로 불러들였다.

"바라는 것이 있거든 말하라. 무엇이든 들어주겠노라."

악신 요리사는 이때를 기다리고 있었던 것이다. 머리를 조아리고, 이렇게 입을 열었다.

"오오! 왕께서 제가 만든 요리를 맛보고 기뻐하시는 것 이외에 달리 무슨 바람이 있겠사옵니까? 다만, 만일 가능하다면 폐하의 양 어깨에 제가 입 맞추는 것을 허락해주십시오."

그리하여 왕의 허가가 떨어지자 악신 아리만은 절친한 벗이기라도 한 것처럼 자하크왕에게 다가가 양어깨에 입을 맞추었다. 그러자 다음 순간 악신의 모습은 지하로 흔적도 없이 사라졌다.

오오! 이것이 어찌 된 일인가! 자하크왕의 양어깨, 아리만이 입을 맞춘 곳에서 검은 뱀 두 마리가 자라나 대가리를 쳐들고 있는 것이 아닌가!

자하크왕은 뱀을 잘라냈다. 하지만 그 자리에서 다시금 뱀 두 마리가 자라났다. 그러자 대담하던 왕도 두렵고 슬픈 마음이 들어 온 나라 의사에게 치료 방법을 구했지만, 뱀 두 마리는 자하크왕의 어깨에 달린 무시무시한 장식품처럼 떨어질 생각을 하지 않았다.

또다시 악신 아리만이 이번에는 의사로 변신하여 나타났다.

"최선의 방책은 뱀을 달래 왕께 해를 끼치지 않게 하는 것입니다."

계속해서 가짜 의사는 뱀을 얌전하게 만드는 데는 인간의 뇌가 최고라며, 매일 사람 두 명을 죽여 그 뇌를 뱀의 먹이로 주라고 진언했다.

"그러다 보면 이윽고 뱀도 죽을 것입니다."

악신 아리만의 목적은 왕이 온 나라 사람을 죽여 사람들한테서 평화가 사라지고, 이윽고 지상에서 인류가 소멸하는 것이었다.

III. 사악한 뱀왕

자하크의 꿈

아랍에서 자하크가 어깨에 난 뱀 두 마리에게 먹이를 주기 위해 사람들을 학살하는 잔인한 왕으로 변했을 무렵, 이란에서는 잠시드왕이 선정을 베풀던 좋은 시대에 그림자가 드리우기 시작했다.

이제는 신의 은총도 왕을 떠나서 이란 병사는 물론이고 이란 사람들 누구나가 새로운 왕을 원했다.

뱀왕 자하크는 이 기회를 놓치지 않고 이란으로 군대를 보냈다. 더는 잠시드왕을 사랑하지 않는 이란인은 잔인무도한 왕인 줄도 모르고 차례로 뱀왕에게로 갔다.

자하크는 군대도 잃고 백성도 잃은 잠시드왕을 저 먼 지나(중국) 해변까지 추적하여 붙잡았고, 즉시 톱으로 잘라 죽였다. 이것이 700년간 훌륭한 왕이라 칭송받은 잠시드왕의 최후이다.

자하크는 이란 왕의 성, 무기, 재산과 보물은 물론이고 왕좌와 왕관까지 차지했는데, 무엇보다 귀한 보물은 두 공주였다.

잠시드왕이 애지중지 키운 아름다운 두 딸, 샤르나즈(Shahrnaz) 공주와 아르나바즈(Arnavaz) 공주였다. 자하크는 두 공주에게 자기 어깨에 달린 뱀 두 마리를 돌보라고 명했다. 매일 두 공주가 두려움에 떨며 지켜보는 가운데 두 사람이 죽임을 당했다. 그리고 죽은 자에게서 꺼낸 뇌를 공주들이 뱀에게 먹여야 했다.

'죄 없는 사람들을 구할 방법이 없을까…?'

공주들은 생각했다. 그러고는 둘 중 한 명은 죽이지 않고, 양의 뇌를 대신 사용하는 데 성공했다. 이리하여 매월 30명의 남성이 죽음을 면했다. 이들은 달아나서 산과 사막에 몸을 숨겼다. 그들은 인적 드문 곳에서 산양이나 양을 키우며 살았다. 현재 쿠르드족이 이들의 자손이라고 한다.

자하크는 그 밖에도 수많은 잔혹한 짓을 저질렀다. 하지만 무엇보다 이란인은 매일 궁전 조리실로 끌려가는 사람들을 보며 왕에 대한 원한과 증오를 품게 되었다. 온 나라 사람들의 분노가 이윽고 하늘까지 가닿은 것일까? 어느 날 밤 자하크는 꿈을 꾸었다.

용사 세 명이 쳐들어왔다.

가장 어려 보이는 중앙의 젊은 무사가 육중한 철퇴를 치켜들어 자하크의 정수리를 내리쳤다. 가느다랗고 튼튼한 가죽끈으로 손발을 단단하게 묶고는 자하크를 다마반드산으로 끌고 갔다.

자하크왕은 무시무시한 비명을 지르며 잠에서 깨어났다. 비명 소리가 어찌나 컸던지 궁전에 세워진 백 개의 기둥이 흔들리고 모든 가신이 벌벌 떨며 일어날 정도였다.

자하크왕 곁에서 자던 아르나바즈 공주가 물었다.

"왜 그러십니까? 지상도, 지상 위의 하늘도 모두 당신 것입니다. 세상의 왕이신 당신께서 대체 무엇을 두려워하십니까?"

자하크가 꿈에서 본 것을 그대로 이야기하자 현명한 공주가 이렇게 말했다.

"왕이시여, 온 나라 구석구석에 있는 모든 현인과 학자를 불러 당신께서 꾸신 꿈의 의미를 해석하게 하면 어떻겠습니까? 왕에게 사악한 마음을 품은 자가 누구인지 밝혀내시지요."

이윽고 자하크 앞에 온 나라의 현인, 해몽가, 사제들이 모였다.

왕은 자신이 꾼 무시무시한 꿈 이야기를 들려주었다. 하지만 그들은 고개를 숙이고 두려워하며 입을 열려고 하지 않았다. 사실대로 아뢰면 자신의 목이 날아간다. 왜냐하면 무시무시한 미래를 예언해야 했기 때문이다···.

마침내 한 위대한 노사제(老司祭)가 앞으로 나아가 다음과 같이 아뢰었다.

"왕이시여, 꿈을 해석해드리겠습니다. 당신의 마지막 때가 도래했습니다. 당신의 후계자는 페레이둔입니다. 하지만 이자는 아직 태어나지 않았습니다. 이자는 이윽고 덕망 있는 젊은이가 되어 당신의 왕좌와 왕관을 노릴 것입니다. 철퇴로 당신을 옥좌에서 끌어내리고 가죽끈으로 당신을 동여 묶을 것입니다."

"어찌하여 짐을 묶느냐? 대체 무슨 원한이 있단 말이냐?"

"왕이시여, 천지의 운행을 보는 자는 모든 것을 분명하게 아옵니다. 이유 없이 당신에게 원한을 품는 것이 아닙니다. 페레이둔이라는 젊은이는 비르마야라는 소에게 길러지는데, 왕께서 이 소를 죽이십니다. 젊은이가 이윽고 소머리 모양의 철퇴를 휘두르는 것은 그 때문이옵니다."

노사제가 무시무시한 미래를 고히지 왕은 망연자실했다.

하지만 잔인하고 교활한 왕은 즉시 제정신을 차리고, 천명(天命)이 놓은 이 덫을 어떤 수단을 써서라도 막아야겠다고 생각했다.

두려운 적 페레이둔! 오늘부터 미래까지 하루도 쉬지 않고 페레이둔이라는 이름을 가진 자를 찾아내 묶어서 끌고 와라. 왕은 포고를 온 나라에 내렸고, 자하크는 그날부로 평온과 잠을 잃었다.

페레이둔의 탄생

페레이둔은 선정을 베푼 잠시드왕처럼 날 때부터 눈부신 행운을 타고났고, 번영을 가져오는 덕성을 갖추었으며, 태양처럼 아름다운 아이였다.

아버지 압틴(Abtin)은 이란 왕족의 혈통을 이어받았으며, 악귀를 퇴치한 용사 타무라스가 그의 조상이었다. 어머니 파라나크(Faranak)는 인품이 뛰어나고 조신한 부인이었다.

이러한 두 사람 사이에서 미래의 왕 페레이둔이 태어났다.

하늘은 사람에게 행운을 가져다주기도 하고 악운을 가져다주기도 한다. 왕이든 현인이든 상인이든 농민이든 천명이 부여한 것보다 더 많은 행운을 받을 수도 없고 악운을 거부할 수도 없다. 사람은 지상에서 살아가는 한, 사람의 머리로는 헤아릴 수 없는 천상의 '순환하는 천륜'에 농락당하게 되어 있다.

따라서 페레이둔이 세상에 태어났을 때 근처 목장에 비르마야라는 암소가 있었던 것이 '순환하는 천륜'의 상난이라고 하셨나. 노한 그 소는 온몸이 갖가지 색으로 빛나는 공작과 같았고, 말수가 없는 아름다운 귀부인을 연상시켰다고 한다.

한편, 페레이둔의 아버지는 불행히도 자하크왕 어깨에 달린 뱀의 희생물로 궁전에 끌려갔다. 남편을 잃은 파라나크에게는 오로지 어린 페레이둔만이 남았는데, 어느 날 자하크왕이 꾼 무시무시한 꿈 이야기를 전해 듣게 되었다. 온 나라에 포고를 내려 미래에 용사가 될 페레이둔이라는 이름을 가진 어린아이를 찾고 있다는 이야기였다.

어머니의 지혜와 결단은 어느 시대에나 놀라운 법이다.

파라나크는 어린 페레이둔을 끌어안고 암소 비르마야가 있는 목장으로 서둘러 갔다. 고상하고 아름다운 암소가 필시 아이의 비밀을 지켜주고, 자기 젖으로 아이를 키워줄 것이 틀림없었다.

목장 주인은 잔인한 왕에게 남편을 잃은 파라나크의 기구한 사정을 듣고, 아버지를 잃은 아이의 아름다움을 보고는 자하크의 명령을 어기고 모자를 도와주겠다고 약속했다.

이리하여 공작처럼 빛나는 암소 비르마야 이야기가 자하크의 귀에 들어갈 때까지 3년이라는 세월이 걸렸고, 그동안 비르마야의 신비로운 젖이 이윽고 이란 왕이 될 아름다운 아이를 키워냈다.

자하크는 밤낮을 가리지 않고 수색 속도를 늦추지 않았다. 그는 드디어 암소 비르마야와 페레이둔을 찾아냈다. 왕의 목숨을 노리는 자를 제포하라는 명령이 떨어졌다.

하지만 왕의 병사가 목장을 포위하기 전에 어머니 파라나크는 위험을 느끼고 아이와 함께 목장 밖으로 달아났다.

아이를 안고 파라나크는 사막을 빠져나가서 때로는 파발꾼처럼,

때로는 야생 산양처럼 엘부르즈산을 올랐다.

산에는 신을 신실하게 믿어서 세속을 떠난 은둔자 한 명이 살고 있었다.

"아아, 성스러운 분이시여! 저는 이란에서 온 불행한 여자이옵니다. 이 아이 아버지는 뱀왕 자하크의 희생물이 되었습니다. 이 아이는 이윽고 사람들 위에 서고, 잔악한 자하크를 무찌르고, 이란의 왕이 될 것입니다. 신의 은총을 내리시어 당신께서 이 아이의 아버지가 되어 이 아이를 키워주십시오."

은둔자는 그녀의 부탁을 들어주기로 하고, 페레이둔의 성장을 방해하는 차가운 바람이 아이에게 닿지 않도록 했다.

자하크왕은 페레이둔을 찾지 못해 미친 코끼리처럼 암소 비르마야와 다른 동물들을 죽였다.

그로부터 16년이 지났다. 페레이둔은 쑥쑥 자란 사이프러스처럼 키가 크고 강한 힘과 용기가 넘치는 청년이 되었다.

오늘이야말로 자기 아버지가 어떤 사람이었는지 물어보려고 페레이둔은 엘부르즈산을 내려와 어머니를 찾아갔다.

"아아! 두려움을 모르는 젊은이가 된 아들아, 이제 너에게 모든 것을 말하마. 잘 듣거라. 네 아버지는 왕가의 피를 이어받은 분이란다. 악귀를 퇴치한 상인한 문, 그 유명한 타무라스도 아버지의 선조란다."

그 혈통과 마찬가지로 고귀한 마음을 가진 아버지가 잔악한 자하크의 어깨에 달린 뱀의 희생물이 되어 죽은 것, 자하크의 꿈에 나타난 미래의 왕이 페레이둔이라는 것 등을 어머니의 입으로 전했다. 모자를 도와준 목장 주인도 고귀한 암소 비르마야까지 자하크가 죽었다고 말했다.

"나는 위험을 면할 수 있었고, 너를 안고 엘부르즈산에 올랐단다. 그리고 지금까지 너를 키워준 성스러운 은둔자에게 네 생명을 맡겼단다."

자하크는 아버지의 원수, 이란인의 적!

왕가의 피가 자기 몸에 흐른다는 것을 알자 페레이둔은 복수의 불꽃에 몸이 타는 듯했다.

"어머님, 저는 잔인무도한 자하크가 지금까지 흘린 이란인의 피에 걸고 맹세하겠습니다. 아버지의 원한을 풀고, 그의 운명을 뒤바꿔놓겠습니다. 지금이야말로 검을 들 때입니다. 뱀의 화신이 있는 그 궁전을 단번에 흙으로 만들어버리겠습니다."

"아들아, 미래의 왕은 현명해야 한단다. 혼자서 세상을 상대로 어찌 싸울 수 있겠느냐? 마물이라고 해도 자하크에게는 왕관과 왕좌가 있고, 전 군대가 그에게 복종을 맹세했단다. 왕의 명령 한 번이면 사방의 국가에서 허리끈을 졸라매고 손에 검을 든 10만 군사가 모여들 것이다. 혈기 넘치는 젊은 힘을 억누르고 때가 무르익을 때까지 천하의 정세를 가만히 지켜보거라. 검은 행운이 왔을 때 들어야 한다."

페레이둔은 어머니의 충고를 듣고 흥분했던 마음을 가라앉혔다.

대장장이 카베

한편, 자하크는 꿈에서 본 페레이둔 생각을 하면 마음이 두려움으로 가득 찼다. 낮이고 밤이고 편하게 지낼 수 있는 날이 없었으며, 때로는 "페레이둔…"이라고 무의식중에 웅얼거린 자기 목소리를 듣고 미래의 왕이 쳐들어온 것처럼 뒤를 돌아보기도 했다.

내 목숨을 노리는 젊은이!

자하크왕의 늠름했던 등도 공포에 지칠 대로 지친 노인처럼 보였다.

이에 자하크는 이란 국왕의 위엄으로 공포의 그림자를 쫓으려고 했다.

어느 날 자하크는 궁전을 장식하라고 명령하고 상아 옥좌에 앉아서 터키석 왕관을 쓰고 현자와 사제를 불러 모았다. 왕권의 기초를 다져야겠다고 생각한 것이다.

"나에게 큰 적이 있음을 제후들도 이미 알고 있을 것이다. 그 적은 젊으나, 용맹한 무인. 결코 얕볼 수 없다. 나는 적에 대항하기 위해서 악마와 인간으로 이루어진 혼성 군단을 만들려고 한다. 그러기 위해서는 먼저 이 자리에 있는 제후들이 다음 선언서를 사실로 인정하고 거기에 서명할 필요가 있느니라."

자하크는 선언서를 큰 소리로 읽었다.

"자하크는 공정하며 자애로운 왕이시다. 그는 사실을 말하고, 정의에 의해 국가를 통치하신다."

누가 뱀왕에게 반대할 수 있겠는가. 그 자리에 있던 현인과 귀족은 왕이 두려워서 차례차례로 서명을 했다.

그때 궁전의 문 부근에 모여 있던 북적거리는 군중 가운데서 노인 한 명이 왕 앞으로 나왔다.

"잔인한 왕이시여! 저는 카베, 대장장이 카베라고 합니다. 왕의 공정, 왕의 자비가 어디에 있습니까? 만일 당신이 자애로운 왕이라면 어째서 제 아들이 차례로 죽임을 당했어야 합니까? 저에게는 아들이 18명 있었습니다. 하지만 딱 한 명을 빼고는 모두 당신 어깨에 난 뱀의 희생물이 되었습니다."

늙은 아비의 울부짖음이었다.

그의 말을 뱀왕도 귀 기울여서 들었다. 가난한 대장장이의 얼굴에는 차례로 아들을 잃은 슬픔과 고통이 깊이 새겨져 있었고, 그의 등은 활처럼 휘어 있었다.

"그리고 왕이시여, 유일하게 남아 있던 아들에게 또 차례가 돌아왔습니다. 저의 지팡이자 시력을 잃은 저에게 빛과 같은 마지막 아들에게! 아아, 왕이시여! 만일 자비심이 있으시다면 저에게 아들을 돌려주십시오."

자하크는 마음 깊이 공포와 놀람을 느끼면서도 방심하지 않고 생각했다.

지금 이 자리에서는 아비의 마음을 달래는 것이 좋겠다.

이에 왕은 아들을 석방시키고 다음과 같이 말했다.

"어떠냐? 이제 내가 얼마나 자애로운지 알았느냐? 대장장이여, 너도 이 선언서에 서명하거라."

대장장이 카베는 선언서에 쓰여 있는 "자하크는 공정하며 자애로운 왕…"이라는 구절을 읽자마자 그 자리에 있는 귀족과 고관, 사제들에게 소리쳤다.

"오오! 자신의 영혼을 주고 지옥을 산 자들이구나! 너희는 신을 두려워하지 않는구나. 마왕 자하크가 두려워서 악에 굴복했도다. 나는 결코 거짓으로 선언서에 서명하지 않겠다. 결코, 잔인한 악마를 두고 공정한 왕이라고 하지 않겠다."

용감한 대장장이는 선언서를 찢어서 발로 짓밟은 후 소중한 아들과 함께 궁전을 떠났다.

대장장이 카베는 남성과 여성, 아이, 젊은이, 노인이 모여 있는 시장으로 갔다. 그는 가죽 앞치마, 대장장이가 신성한 일터에서 일할 때 허리에 매는 앞치마를 벗어서 깃발처럼 창끝에 묶었다. 그리고 주변 사람들에게 소리 높여 다음과 같이 말했다.

"여러분! 뱀왕 자하크는 마물이오. 우리 목숨은 우리가 지켜야 합니다. 자하크의 꿈에 나온 페레이둔을 우리의 왕으로 추대합시다. 우리 아들과 우리 친구의 원수를 갚읍시다!"

대장장이의 가죽 앞치마로 만들어진 깃발이 세워진 곳으로 수없이 많은 병사가 몰려들었다. 아니, 병사만이 아니었다. 바자르의 상인과 직공들도 속속 모여들었다.

용감힌 대장장이! 대장장이의 가죽 깃발은 정의의 상징이었다.

주름이 자글자글한 목덜미를 쭉 펴고 선 대장장이를 선두로 하여 군중이 페레이둔의 집으로 몰려들었을 때 젊은 왕자 페레이둔은 이 깃발을 보고 행운의 칭조를 느꼈다.

사람들이 환호하며 맞으러 온 미래의 왕이 처음으로 한 일은 깃발이 된 카베의 가죽 앞치마를 황금과 비단과 보석으로 장식하고, 창끝에 보름달처럼 빛나는 구를 달고 붉은색과 노란색과 보라색 리본을 단 것이었다.

페레이둔은 이를 '카베 깃발'이라고 불렀다.

자하크의 거짓 선언서 이야기를 듣고 페레이둔은 무구를 장착하고, 화려하고 아름다운 허리끈을 묶고, 이란 왕가의 투구를 머리에 썼다.

"어머님, 원수를 갚을 때가 왔습니다. 저는 신성한 신들의 가호 아래에서 자하크와 싸워야 합니다. 어머님께서는 그저 신께 기도를 올려주십시오."

늠름한 아들의 모습을 보고 어머니는 눈물을 글썽이며 아들을 신의 손에 맡겼다.

소머리 철퇴

페레이둔은 재빨리 출신 준비를 했다.

먼저 실력 있는 대장장이를 불러들였다. 페레이둔은 컴퍼스를 들고 땅에 철퇴의 형태를 그렸다. 신성한 암소의 머리를 본뜬 형태였다. 대장장이들은 마스터라고 불릴 정도로 실력이 뛰어난 자들이어서 순식간에 소머리 모양 철퇴가 완성되었다.

페레이둔을 키워준 부모, 귀한 암소 비르마야를 표현한 것이었다.

페레이둔은 소머리 모양 철퇴가 마음에 들었다. 그가 소머리 철퇴를 들고 작은 산과 같은 말에 올라타서 대군을 이끌고 출진한 것은 별의 기운이 좋은 길일이었다.

페레이둔은 처음 출진하는 설레는 마음을 품고 역참에서 역참으로 말을 몰았다. 그러던 어느 날 밤 어둠 속에서 천사처럼 아름다운 젊은이가 나타났다.

지상에서는 볼 수 없는 아름다움! 젊은이는 페레이둔에게 마법을 푸는 방법을 가르쳐주었다. 페레이둔은 그가 신이 보낸 천사일 것이라는 생각이 들었다. 그러자 젊은 왕은 행운이 자신의 편이라는 생각에 새로운 용기가 솟아났다.

이윽고 페레이둔의 군대는 티그리스강 근처에 있는 바그다드 마을을 숙영지로 정했다. 페레이둔은 나룻배 사공들을 불러 모으고 배를 띄워 병사와 말을 모두 건너편 기슭으로 나르라고 명령했지만, 사공 우두머리가 명령을 따르지 않았다.

"저희는 자하크왕의 명령 없이는 배를 띄울 수 없습니다."

그렇다면 배 없이도 건너겠다. 페레이둔이 왕의 허리끈을 꽉 졸라매고 바구글 나시 튜고 상미색 순마를 끌고 강물 속으로 들어가자 장병들도 행운의 왕에게 뒤질 수 없다며 함성을 지르며 그 뒤를 따랐다.

광대한 티그리스강이 마침내 왕좌를 차지할 군단을 집어삼키려는 것만 같았다. 땅 위에서는 용맹하던 무사도 강에서는 떴다가 가라앉았다 했고, 사람과 말 모두 헤엄치는 와중에도 떠내려가서 그 모습이 마치 망령 군단 같았다.

마침내 건너편 기슭에 도착한 페레이둔은 군세를 정비했다. 강을 힘들게 건넌 고통이 가슴에 품고 있는 복수의 맹세를 더욱 강하게 만들어주었다.

젊은 왕의 군대는 자하크의 성이 우뚝 솟아 있는 예루살렘으로 발걸음을 재촉했다.

사막을 지나서 목표하던 예루살렘이 가까워지자 저 멀리 1마일 앞에서 하늘을 향해 우뚝 솟아 있는 성이 보였다. 성은 별보다도 반짝였고, 꽃단장한 새색시 같았고, 아직 넓은 세상을 모르는 페레이둔에게는 신비로운 요정처럼 아름다워 보였다.

저 성의 주인 자하크는 사람의 운명을 가지고 노는 '순환하는 천륜'과 은밀하게 거래를 한 것이 틀림없다. 페레이둔은 소머리 철퇴를 움켜쥐고 병사들의 선두에 서서 진격했다.

성문을 지키는 자는 병사가 아니라 악마와 마법사였다. 소머리 철퇴를 휘두르는 한편 아군을 격려하며 성안으로 쳐들어갔다. 어둠 속에서 나타난 천사가 페레이둔에게 마법을 푸는 방법을 가르쳐준 것은 이때를 위함이었다.

행운의 왕은 악한 힘을 제거하고 궁전으로 들어가서 자하크왕의 왕좌와 왕관을 빼앗을 수 있었다. 그런데 자하크는 어째서 모습을 드러내지 않는 것일까?

젊은 왕 페레이둔은 궁전 한구석에 잡혀 있는 아름다운 두 공주를 구해냈다. 이란에 번영을 가져온 위대한 잠시드왕의 두 딸, 샤르나즈 공주와 아르나바즈 공주는 몸을 깨끗이 씻고 페레이둔의 좌우에 앉았다.

두 미녀는 자하크의 어깨에 달린 뱀이 얼마나 무섭고 잔학한지를 설명하고, 자하크는 지금 은밀하게 마법의 나라 인도로 달아났다고 고했다.

하지만 양어깨에 뱀이 달린 마왕이 젊은 왕에게 이대로 옥좌를 양보하리라고는 생각하기 힘들다.

페레이둔과 자하크의 전투 ——————

자하크에게 젊고 용감한 친왕 페레이둔의 이야기를 전한 자가 있었다.

자하크의 성을 지키던 자 중에서 가장 충직한 남자였다. 왕은 그에게 보물창고 열쇠를 맡겼는데, 그는 왕에게 패전 소식을 가져왔다.

"왕이시여, 이것이 부슨 낭패란 말입니까! 행운이 기울어 마지막 때가 도래했습니다. 세 용사가 쳐들어왔는데, 그중에서 가장 젊은 자는 사이프러스처럼 키가 크고, 산을 깨부술 수 있는 철퇴를 들었으며, 언뜻 보기에도 왕의 풍모를 지녔습니다. 궁전에 내려온 악마들을 모조리 쓰러뜨리고, 즉시 이곳의 주인이라는 듯한 얼굴을 하고 축하 연회를 열었습니다."

성을 지키던 자는 과거에 자하크왕이 꾼 무시무시한 꿈을 떠올리게 하려고 했으나, 왕은 아직 눈치채지 못했다.

"너는 난폭한 자들이 쳐들어왔다고 하나 그들은 손님일 것이다. 무례한 손님이 찾아오는 것은 경사스러운 일이 있을 전초라고들 한다. 한탄할 것 없느니라."

이에 성을 지키던 자는 거듭 세 용사가 어떤 행동을 했고, 상황이 어떠한지를 아뢰었다. 잠시드왕의 딸, 두 공주가 왕좌에 앉은 젊은이를 좌우에서 시중들고, 젊은이의 이야기를 들으며 검은 눈동자를 빛내고 있다고….

자하크왕은 지금까지 숨어 있던 얕볼 수 없는 적이 드디어 모습을 드러냈음을 눈치챘다. 왕은 준마에 안장을 얹고, 악마와 인간으로 이루어진 대혼성군을 이끌고 즉시 궁전으로 향했다.

자하크왕이 예루살렘에 돌아와보니 이미 사람들 대부분이 페레이둔 편이 되어 있었다. 어디라고 할 것 없이 모든 집 지붕에서 벽돌과 돌을 자하크 군대에 던졌다. 흙먼지가 날아올라 태양도 보이지 않게 되었고, 지상을 뒤덮는 노래 먼지 속에서 병사들의 함성이 메아리쳤다.

"자하크를 무찔러라! 자하크를 무찔러라!"

자하크는 아군 병사를 잃고 증오로 떨리는 몸을 쇠갑추로 무장하고 혼자서 몰래 궁전 지붕으로 올라갔다.

거기에서는 과거에 자신의 것이었던 궁전 전체가 손바닥을 들여다보듯이 잘 보였다. 눈동자와 곱슬거리는 머리카락은 깜깜한 밤과 같은 칠흑빛이고, 뺨은 대낮의 태양과 같은 아름다운 두 공주가 얼굴에 흘러넘칠 듯한 미소를 띠고 젊은 왕의 양옆에 앉아 있었다.

자하크는 가슴에서 질투의 불이 타올라서 검을 빼 들고, 자기 이름도 밝히지 않고, 그저 아름다운 공주들을 찌르려고 궁전 지붕에서 뛰어 내려왔다.

하지만 그보다 빨리 페레이둔의 소머리 철퇴가 이 수상한 자의 머리를 내려쳤고, 머리를 감싸고 있던 투구가 부서지면서 자하크의 얼굴이 드러났다. 아버지의 원수! 페레이둔이 소머리 철퇴로 한 번 더 가격하려고 하자 다시금 천사가 아름다운 모습으로 나타났다.

"죽여서는 안 됩니다. 그를 묶어서 다마반드산에 가두십시오. 이 자는 아직 죽을 때가 되지 않았습니다."

페레이둔은 사자 가죽으로 포승줄을 만들어서 자하크의 손발을 묶고, 병사들에게 다마반드산으로 끌고 가라고 명했다.

다마반드산 깊은 곳에 동굴이 하나 있다. 페레이둔은 그곳에 쇠말뚝을 박고 쇠사슬 위에 쇠사슬을 거듭 둘러서 자하크를 그 산에 동여맸다.

1,000년에 걸친 압정의 시대가 끝났고, 사람들은 뱀왕 자하크의 사악한 힘에서 풀려나 자유로워졌다.

신이시여, 두 번 다시는 평화를 빼앗기지 않게 해주십시오.

페레이둔은 선정을 펼치고 부정을 멀리하며 500년간 세상을 평화롭게 다스렸다.

IV. 선왕 페레이둔

페레이둔왕

뱀왕 자하크를 무찌른 페레이둔은 이란의 왕좌에 올랐다. 그날은 별의 기운이 길한 메르달(Mehr月) 초하루(9월 21일)였다. 메레간 (Mehregan)이라는 가을 축제를 제정한 것도 페레이둔왕이다.

지금까지 뱀왕에게 고통받은 세월이 너무나도 길었기 때문에 신분이 귀한 자와 일반 백성, 노인과 아이 할 것 없이 누구나 페레이둔왕을 칭송하며 따랐다.

어린 페레이둔을 고귀한 암소에게 데려갔다가 위험을 각오하고 다시 한번 엘부르즈산에 사는 은둔자를 찾아갔던 페레이둔왕의 현명한 어머니는 아들이 신의 가호를 받아 왕위에 오른 것을 알고 깨끗하게 목욕한 후 많은 공양물을 차려놓고 신 앞에 엎드렸다.

"신이시여, 감사합니다. 부디 젊은 아들을 앞으로도 잘 보살펴주십시오."

그리고 그녀는 상황이 어려운 많은 사람에게 옷, 은화, 가축 등을 남모르게 베풀었다. 어머니에게 아들의 무사함과 행복보다 더 귀한 것은 아무것도 없었다. 지금 이렇게 왕이 된 아들의 행복을 사람들에게도 나누어주고 싶었다. 그녀의 비밀스러운 선행이 이레간 계속되어서 그 근방에서는 가난한 자가 사라졌다.

이레간의 보시를 끝낸 후 왕의 어머니는 자기 저택을 아름답게 장식하고 국가의 귀족과 고관, 사제들을 초대하여 성대한 축하연을 열었다.

그날 페레이둔의 어머니는 저택 보물창고의 문을 활짝 열어젖

했다. 유서 있는 집안에 대대로 전해져 내려오는 보석으로 장식된 창, 도검, 투구, 안장 등의 무기와 의복, 황금으로 가장자리가 장식된 허리끈 등의 눈부신 보물을 모두 낙타에 실어서 새로운 왕에게 보냈다.

그 사실이 알려지자 귀족과 병사 모두가 페레이둔왕과 그의 어머니를 칭송했다. 사람들은 페레이둔왕의 치세가 언제까지나 계속되고 왕의 행운이 더욱 빛나기를 바라며 기도했다.

페레이둔왕은 세계를 돌며 부정을 행하는 자를 벌하고, 온 국토에 선정을 고루 베풀었다. 황무지는 즉시 천국의 정원처럼 되었고, 잡초는 장미꽃으로 바뀌었다. 세계 각지에서 왕의 궁전으로 현자와 학자, 풍부한 경험을 지닌 장로들이 나날이 모여들었다.

세 왕자

페레이둔왕이 뱀왕 자하크를 무찔렀을 때 뱀왕의 궁전에 붙잡혀 있던 아름다운 두 공주가 있었다. 샤르나즈 공주와 아르나바즈 공주이다. 페레이둔은 두 사람 모두 왕비로 맞이했다.

왕이 쉰 살을 넘었을 때 샤르나즈 왕비에게서 두 명, 아르나바즈 왕비에게서 한 명의 왕자가 태어났다. 페레이둔왕은 세 왕자를 눈에 넣어도 아프지 않을 만큼 귀여워했다. 그들은 부왕을 쏙 빼닮아서 키도 튼튼하게 쭉쭉 자랐고 뺨도 아름다운 장밋빛을 띠었다.

신기하게도 부왕은 세 왕자가 코끼리처럼 빨리 달릴 수 있을 만큼 성장했음에도 이름을 붙이지 않았다. 세 왕자 모두 부왕에게는 귀한 보물이어서 구별 짓고 싶지 않았기 때문이다.

세 왕자는 모두 늠름하게 성장하여 누가 부왕의 옥좌에 앉더라도 이상할 것이 없는 훌륭한 청년이 되었다.

이에 부왕은 사려 깊고 현명한 고문을 불러들여 다음과 같이 명했다.

"나의 사랑스러운 세 왕자에게 어울릴 세 자매를 찾아오너라."

왕은 신붓감의 조건을 몇 가지 달았다.

첫째는 정통성 있는 왕가의 혈통을 이어받았을 것, 둘째는 달처럼 요정처럼 아름다울 것, 그리고 셋째는 아무도 분간할 수 없을 만큼 키와 얼굴 생김새가 비슷하며 부모가 무척 사랑하여 아직 이름을 붙이지 않았을 것이었다.

왕의 신임을 받는 고문은 그 어떤 어려운 문제라도 해결할 능력을 갖추고 있었지만, 세 왕자의 신붓감을 찾으려면 여러 명의 조수가 필요하겠다고 판단했다. 고문은 조수 될 자를 모아서 여행을 떠날 채비를 하고 이란 전국을 구석구석 걸어 다니며 조사했지만, 그런 조건을 갖춘 세 자매를 찾을 수가 없었다.

고문은 이번에는 나라 밖의 왕족, 왕후, 귀족에게 여러 명의 사사를 보냈다.

그리고 마침내 예멘의 왕에게 페레이둔왕이 바라던 세 자매가 있음을 알아냈다. 예멘 사르브왕(Sarv王)의 세 공주는 세 개의 달처럼 맑고 아름다웠으며, 세 사람의 아름다움을 구분 짓는 이름이 아직 없었다.

고문은 꿩처럼 신이 나서는 즉시 예멘으로 향했다.

예멘의 사르브왕은 이란 왕의 고문을 맞이한 후 신중하게 물었다.

"그대는 사자인가? 사자라면 무슨 말을 전하려고 혹은 어떤 난제를 가지고 왔는가?"

고문은 땅에 넙죽 엎드려 신의 이름 아래에서 사르브왕을 칭송한 다음, 페레이둔왕이 한 축복의 말을 전하고, 사르브왕의 장수와 행운을 신에게 기도했다.

그리고 세 왕자와 세 왕녀의 혼담을 적당히 꺼냈다.

"아랍 왕이시여, 아무쪼록 옥좌가 향기를 풍겨 왕의 보물창고가 보물로 넘치기를 기원합니다. 제가 모시는 용맹한 페레이둔왕께서 다음과 같이 말씀하셨습니다. '이 세상에서 보물이라고 칭해지는 것은 많으나 목숨과 내 아들보다 귀한 보물은 없습니다. 만일 눈이 셋인 자가 세상에 있다면 그것은 나입니다. 나의 세 아들은 나의 세 눈과 같습니다. 아니, 세 아들이 나의 눈보다 소중합니다. 그들은 지성, 덕성, 용기를 지녔기에 어떠한 소망도 어떠한 부도 손에 넣을 수 있을 것입니다. 나는 세 사람의 신부가 될 세 왕자비를 은밀하게 찾고 있습니다. 시금, 현명하고 사려 깊은 예멘 왕의 궁전에 세 공주가 있음을 알고 급하게 사자를 보내 나의 벗인 왕에게 청합니다. 위대한 왕궁에서 맑게 성장한 귀한 세 공주를 우리 왕자의 신부로 해주시면 어떻겠습니까? 그 어떤 것도 비교되지 않는 아름다운 세 보석은 세상에서 찾아보기 힘든 고귀한 보석을 낳을 것입니다.' 위대한 예멘 왕이시여, 부디 하해와 같이 넓은 마음으로 페레이둔왕의 청을 들어주십시오."

사르브왕에게 이는 괴롭고 어려운 문제였다. 이란 왕과 마찬가지로 예멘 왕에게도 세 공주는 세 개의 눈이고 세 개의 빛이었기 때문이다.

왕은 말라서 시든 재스민과 같은 얼굴을 하고 마음속으로 웅얼거렸다.

'오오! 나의 공주들을 볼 수 없다면 이제 나에게는 햇빛 가득한 대낮이 없겠구나.'

예멘 왕은 일단 사자에게 물러나라고 하고 측근들을 불러들였다.

풍부한 경험을 가진 측근을 비롯하여 현자, 무장 등이 모이자 사르브왕은 고통스러워서 떨구고 있던 고개를 들고 이란 국왕에게 받은 제안에 대해 그들에게 의견을 물었다.

문제는 그저 세 왕자와 세 공주의 혼담을 받아들이냐 마느냐에서 그치지 않는다. 만일 긍정적으로 대답하지 않으면 뱀왕 자하크를 순식간에 토벌한 이란 왕이 어떤 복수를 해올지 알 수 없는 일이었다.

"하지만"이라며 왕은 다음과 같이 말했다.

"하지만 나의 빛이자 예멘의 등불이라고 할 수 있는 세 공주를 무력이 두려워서 시집보내는 것은 너무나도 통탄스러운 일!"

그러자 용감한 무장 한 명이 앞으로 나아가서,

"왕이시여, 우리는 이란 국왕의 노예가 아닙니다. 상대가 제아무리 페레이둔왕이라고 해도 할 말은 해야 합니다. 세 공주가 폐하께 진정 보물이라면 성 보물창고의 문을 열고 많은 보물을 선물로 보내시되, 입은 다무시고 이란 사자에게는 아무런 대답도 하지 않는 것이 현명한 처사일 것입니다. 저들이 절대로 풀 수 없는 어려운 문제를 내면 어떻겠습니까?"

다음 날 사르브왕은 이란 사자를 어전으로 부르고 다음과 같이 교묘하게 말했다.

"이란의 페레이둔왕께 전하게. 페레이둔왕께 세 왕자님이 눈과 같은 존재인 것처럼 저에게도 세 공주는 눈보다 더 귀한 존재입니다. 한번 이란 왕께 드리면 두 번 다시 만나지 못할 딸에 비하면 저의 왕좌도 저의 군대도 저의 눈도 아무 가치 없는 것입니다. 그러하니 민저 세 왕사를 서에게 보내주셨으면 합니다. 그들의 건강한 마음을 보고 제 마음이 밝아지면 그 후에 세 딸을 왕자님들께 내어드리겠습니다."

사자가 사르브왕의 대답을 듣고 돌아가서 한 글자도 틀리지 않게 그대로 건히지 페레이둔왕은 세 왕사를 불러 노으고 다음과 같이 말했다.

"얘들아, 아버지의 말을 잘 듣거라. 현명한 자의 생각은 심오한

법이다. 예멘 왕은 세상에 둘이 없을 지혜로운 분. 틀림없이 너희들을 시험할 것이다."

사르브왕과 마찬가지로 현명한 페레이둔은 상대방의 고통스러운 대답 속에 숨겨진 술책을 그림을 보듯이 모두 꿰뚫어 볼 수 있었다.

부왕은 세 왕자에게 타일러 말했다.

"먼저 예멘 왕은 축하연을 열어 너희를 높은 자리에 앉히고, 이윽고 봄의 정원과 같은 딸들을 데리고 나올 것이다. 공주들은 아름다운 꽃처럼 서로 구별하기 어려워서 누가 언니이고 누가 동생인지 알 수 없다고 하나, 제일 처음에 들어오는 사람이 셋째, 마지막에 들어오는 사람이 첫째, 가운데가 둘째 공주일 것이다. 너희와 마찬가지로 세 공주에게는 이름이 없다. 잘 살펴보아서 틀리지 않도록 하거라. 그리고 세 공주 중에서 누가 첫째이고 누가 둘째이고 누가 셋째인지 나이 순서대로 맞혀보라고 하거든 지금 가르쳐준 대로 대답하거라. 자고로 왕자는 신을 공경하고, 사려 깊고, 선견지명이 있고, 설득력 있게 말을 잘해야 하느니라. 황금과 권력을 모두 가진 예멘 사르브왕은 지혜롭기까지 하다. 너희는 예멘 왕의 눈에 어리석은 자로 비치지 않도록 조심하거라."

세 왕사가 페레이둔왕의 말을 가슴 깊이 새기고 물러나자 왕은 그들을 위해 이란 왕가에 걸맞게 부족함이 없는 여행 채비를 하라고 명했다.

예멘 왕의 사위 간택

　세 왕자를 따르는 호위군은 천하에 이름을 날리는 무장들을 선두로 하여 대지를 쿵쿵 울리며 예멘으로 향했는데, 그 기세가 하늘과 땅도 이것이 무슨 일인가 하고 놀랄 정도였다.

　예멘 왕은 왕자들이 지나갈 길에 금화와 향기로운 사프란과 사향을 뿌리고, 그들을 맞이하기 위해 꿩처럼 아름답게 차려입은 귀족과 병사들을 내보냈다.

　예멘 왕의 궁전은 천국과 같아서 세 왕자의 눈에 들어오는 것은 모두 금과 은, 비단으로 장식되어 있었다.

　"긴 여행을 하느라 수고 많으셨습니다."

　왕은 젊고 고귀한 세 손님을 맞이했다. 한편, 부왕이 말한 난제를 사르브왕이 언제 낼까 하는 생각에 왕자들의 마음은 기대와 불안으로 가득했다.

　그때 신비로운 광경이 벌어졌다.

　달빛이 아니라 진짜 달이 궁전 한구석에 나타났나 싶을 정도로 빛이 가득 차더니 아름다운 세 딸이 나타나서 왕자들에게로 다가갔다. 세 사람은 모두 봄의 정원과 같이 아름답게 자랐으며, 키도 같고, 용모와 자태도 같았다. 나뭇잎 색깔까지 똑같은 우아한 사이프러스 나무 세 그루가 연상될 정도로 비슷했다.

　'부왕께서 말씀하신 대로구나!'

　세 왕자는 마음속으로 아버지를 찬탄했다. 세 공주는 순서대로 같은 간격을 두고 떨어져 앉았다.

"자! 그러면 세 개의 별 중에서 누가 첫째이고 누가 둘째이고 누가 셋째인지 맞혀보십시오."

예멘 왕이 세 왕자에게 물었다. 세 왕자는 망설임 없이 부왕이 일러준 대로 제일 앞에 앉은 공주가 셋째, 제일 뒤에 앉은 공주가 첫째, 그리고 가운데 앉은 공주가 둘째라고 대답한 후 자랑스럽게 다음과 같이 말했다.

"왕이시여, 왕의 시험은 실패로 끝났습니다."

이란 왕 페레이둔의 재치가 빛을 발한 순간이었다! 예멘 왕은 낙심했고, 그 자리에 있던 귀족과 무장은 탄성을 지르며 놀라워했다.

아름다운 세 공주는 나이 순서대로 세 왕자 옆에 앉았는데, 그러한 질문으로 세 왕자의 재주를 파악하려고 한 자신들의 아버지가 부끄러워서 뺨을 붉혔다.

약혼이 정해졌지만, 예멘 왕은 이것으로 포기하지 않았다. 세 공주를 방으로 돌려보낸 후 거하게 주연을 열고, 이윽고 취기가 오른 왕자들에게 졸음이 밀려왔을 즈음, 아랫사람에게 시켜서 그들을 장미 화원에 마련해둔 침실로 안내했다.

왕은 마법으로 장미 화원에 차가운 바람을 보내서 장미꽃과 함께 왕자들을 얼려 죽일 생각이었다.

얼음과 같은 바람이 비밀스럽게 불어왔다. 밤의 어둠 밑바닥에 잠든 화원의 장미꽃들도 푸른 잎도 순식간에 얼어붙었고 작은 새들도 얼어 죽었는데, 왕자들은 편안히 잠들어 있었다. 미리 페레이둔왕이 읊어둔 주문 덕분에 그들 주위에만 따뜻한 공기가 남아 있었던 것이다.

다음 날 사르브왕은 이 사실을 알고 더 마법을 사용해봐야 시간을 헛되이 낭비할 뿐이라는 것을 깨달았다. 아름다운 세 딸을 가진 자신이 죄인인 것이다!

이에 왕은 세 쌍의 신랑 신부 앞에 사제와 궁정 가신, 고관들을 모아놓고 신의 축복을 빌었다.

"달처럼 아름다운 세 공주에게 진정으로 잘 어울리는 남편인 세 왕자들이여! 지금, 나의 세 눈을 의식에 따라서 그대들에게 위임하겠습니다. 신께서 은총을 내리시어 왕자들이 나의 공주를 나의 눈처럼, 나의 목숨처럼 아끼고 사랑하게 해주십시오."

왕은 보물창고의 문을 열고, 공주들을 아름답게 치장했다. 주르륵 늘어선 낙타의 등에 신부의 짐을 실었고, 비단으로 만들어진 가마가 셀 수 없을 만큼 많이 그 뒤를 따랐다. 짐에는 페레이둔 왕가로 보내는 선물도 서기가 하나하나 기록할 수 없을 정도로 많이 들어 있었다.

국가 배분

이란의 페레이둔왕은 아들들이 성공적으로 신부를 얻어서 귀국할 것이라는 소식을 전해 듣고 아들들의 마음을 시험해보기로 했다.

왕은 드래곤으로 모습을 바꾸었다. 왕자들의 행렬을 마중하여 드래곤으로 변신한 왕은 사납게 포효하며 악신 또는 귀신처럼 모래 먼지를 일으켰다.

세 왕자 가운데 첫째 왕자는,

"진중한 남자는 드래곤과 싸우지 않는 법"이라는 말을 끝마치기 무섭게 달아났다.

둘째 왕자는 활에 화살을 걸고 소리쳤다.

"미쳐 날뛰는 사자든 이름난 용사든 나에게 덤벼라!"

셋째 왕자는 드래곤에게 말했다.

"드래곤아, 사라지거라! 우리는 페레이둔왕의 왕자이고, 철퇴를 휘두를 수 있는 용사이다. 이란의 사자에게 싸움을 걸더라도 너에게는 승산이 없다. 사막으로 사라지거라."

드래곤의 모습은 사라졌고, 이윽고 페레이둔왕은 부왕의 모습으로 돌아와서 세 왕자와 세 공주를 맞이했다.

소머리 철퇴를 손에 든 부왕의 모습을 보고 왕자들은 말에서 내려와 대지에 입을 맞추었다.

"너희는 저 무시무시한 드래곤의 정체가 무엇인 줄 알았느냐? 그것은 이 아버지, 너희를 시험하려고 드래곤으로 변신한 아버지였다."

부왕은 놀란 왕자들을 사랑스럽게 바라보며 첫째 왕자에게 말했다.

"장남인 너에게는 살름(Salm)이라는 이름을 내리겠다. 몸의 안전을 위해 드래곤의 입을 피한 것은 현명한 처사다. 헛되이 위험에 맞서는 자는 용사가 아니라 미친 자일 것이다."

부왕은 둘째 왕자에게는 투르(Tur)라는 이름을 내리고, 그의 불과 같은 용기를 칭찬했다.

셋째 왕자에게는 이라즈(Iraj)라는 이름을 내리고, 흙과 불의 중도를 선택한 현명함과 사려 깊은 행실을 찬탄했다.

이름이 정해지자 왕은 몰래 점성술사를 불러서 왕자들의 별자리를 확인했다.

"살름의 별은 궁수자리의 목성, 투르의 별은 사자자리의 태양입니다. 하지만 셋째 왕자 이라즈의 별은 게자리의 달로, 이는 앞날에 불운이 기다리고 있음을 나타냅니다."

세 왕자 중에서 특히 이라즈의 침착하고 현명한 성품을 믿음직스럽게 여겼던 왕은 막내 왕자의 미래가 불길하다는 이야기를 듣고 마음이 무척 아팠다.

세 아들의 서로 다른 운명의 비밀을 안 페레이둔왕은 세계를 셋으로, 즉 룸(소아시아)과 서방, 투란(튀르키스탄 지역)과 지나(중국), 그리고 이란으로 나누었다.

부왕은 영토 이름에 왕자 이름을 맞추어서 첫째 왕자 살름에게는 그리스인이 사는 룸과 서방을, 둘째 왕자 투르에게는 튀르크족이 사는 투란과 지나를, 그리고 셋째 왕자 이라즈에게는 이란을 주었다. 이라즈는 부왕에게 왕좌와 왕관, 보검, 왕의 인장, 군대 등의 모든 것을 받았고, 이때부터 "이란 왕"이라고 불렸다.

형제 다툼

그로부터 긴 세월이 흘러서 소머리 철퇴를 휘둘렀던 용맹한 페레이둔왕도 나이를 많이 먹었다.

장남 살름의 마음속에서는 이라즈에 대한 질투가 싹트고 있었다. 부왕은 아무리 생각해도 공평하게 분배하지 않았다. 왜 아버님은 막냇동생에게 황금 옥좌와 왕관을 주셨을까?

그럴 나이가 아님에도 살름의 얼굴은 질투와 불만으로 뒤틀려서 주름이 깊게 팼다. 그는 투란과 지나를 다스리는 동생 투르에게 사자를 보냈다.

"동생 투르야, 행복하게 살고 있느냐? 너도 나도 몸은 사이프러스처럼 튼튼한데, 마음은 멸시당했다. 우리 세 형제는 모두 왕좌에 어울리게 나고 자랐는데, 왜 막냇동생만 저러한 행운을 거머쥔 것일까? 아버님께서는 장남인 나와 차남인 너를 무시하셨다. 분배가 아무래도 불공정하게 이루어졌다고 생각된다."

형 살름이 보낸 파발꾼을 맞이한 투르는 원래부터 용감하지만 경솔했기 때문에 머리에서 즉시 분노의 불꽃이 타올랐다. 그래. 형에게는 룸과 서방을 주고, 나에게는 튀르크인이 사는 황무지와 지나를 주다니, 너무 불공평한 것 아니야?

"형, 우리가 어렸기에 아버님께서 우리를 속인 것입니다. 이런 옳지 못한 일을 잠자코 묵인할 수는 없습니다. 즉시 만나서 대책을 강구합시다."

투르한테서 답장이 놀랄 정도로 빨리 오자 형은 감정이 더욱 불타올랐다.

두 사람은 회담을 했다. 그들은 더 이상 자기 마음속에만 억눌러 둘 수 없는 불만을 서로에게 털어놓으며 부왕을 원망했고, 막냇동생 이라즈를 비난했으며, 이윽고 언변이 뛰어난 사제 한 명을 불러들였다.

"부왕을 찾아가서, 부왕께서 받으시기에 적합한 은총을 내려달라고 하늘에 기도를 올린 후 다음과 같이 아뢰거라. '왕이시여! 이제 나이가 지긋하니 지금이야말로 신들을 두려워해야 합니다. 당신의 백발이 다시 검어질 일은 없을 테니까요. 신들은 당신에게 많은 선물을, 그중에서도 축복받은 세 왕자를 내려주셨습니다. 세 분은 모두 왕위에 올라 왕관을 쓰기에 적합한 분들이고, 용기와 지혜를 겸비하고 있습니다….'"

이처럼 그들은 부왕이 국가를 불공평하게 분배했음을 격정적인 말투로 힐책하고, 자신들의 몫이 이라즈의 몫에 비해 훨씬 뒤떨어진다고 장황하게 설명했다. 그리고 만일 불공정을 바로잡지 않으면 즉시 군대를 이끌고 이란을 공격할 뜻을 내비쳤다.

사자는 불처럼 격렬한 메시지를 끝까지 듣고 불이 붙은 것처럼 말을 몰아서 부왕 페레이둔의 궁전으로 서둘러 갔다.

화려한 궁전, 늘어서 있는 가신들…. 옥좌 앞으로 안내받은 사자는 궁전의 아름다움보다도 국왕의 위엄에 압도되었다.

왕은 자상하게 사자의 노고를 치하한 후 소중한 두 아들의 안부를 물었다. 페레이둔왕의 몸은 사이프러스 나무처럼 튼튼하고, 머리카락은 장뇌(樟腦)처럼 하얗고, 자애로운 미소를 띤 양 뺨은 장미 꽃잎처럼 붉었다.

사자는 신들에게 페레이둔왕에게 은총을 내려달라고 기도한 후 어리석은 왕자들의 격정적인 메시지를 태양처럼 빛나는 왕의 면전에서 쭈뼛거리며 아뢰었다.

왕은 가만히 귀 기울이고 있었다. 원한을 품고 자식 된 도리를 저버린 두 아들의 말! 늙은 왕의 가슴은 노여움으로 가득 찼다.

"너를 꾸짖을 생각은 없느니라…."

왕은 사자에게 이렇게 말을 뗀 후 마음이 혼탁한 두 아들에게 다음과 같이 답신을 하라고 전했다.

"너희 둘이 전하라는 말은 너희가 얼마나 못난 마음씨를 지녔는지를 실로 잘 드러내주었다. 부끄러운 줄 알고, 신들을 두려워하거라. 하늘과 땅의 청정한 신들의 이름에 걸고, 빛나는 태양과 풍요로운 땅, 왕위와 왕관, 금성과 달에 걸고 나는 너희에게 배분을 불공평하게 했다고 생각하지 않는다. 국가 배분은 뛰어난 학자와 사제, 점성술사들의 합의에 따라서 이루어졌다. 너희가 말한 것처럼 아버지는 곧 이 세상을 떠나겠지만, 죽음은 언젠가 너희에게도 찾아온다. 이 세상에 영원히 머물 수 있는 자는 한 명도 없다. 그러니 아들들아, 너희들의 사악한 생각은 이 세상이 끝날 때 내려지는 최후의 심판에서 심판받게 될 것이다. 탐욕스러운 악마에게 영혼을 판 것을 신들이 용서치 않을 것이다."

왕은 살름과 투르의 사자를 돌려보내고 한동안 생각에 잠겨 있다가 막내아들 이라즈를 불러 이란 왕국에 불어닥칠 불행에 대해 말해주었다. 두 사람의 메시지는 다름 아닌 도전장이라서 더는 숨겨둘 수 없었다.

"네 형들은 이제 형이 아니다. 그들은 국가 배분 결과에 불만을 품고 있으며, 너에 대한 적의를 감출 생각이 없다. 한쪽은 투란에서, 한쪽은 룸에서 군대를 이끌고 쳐들어오겠다는구나. 만일 네가 형들의 공격에 맞서 싸울 것이라면 보물창고의 문을 열고 전쟁 준비를 하거라. 아침 식사 때 단호한 마음으로 술잔을 잡고 있지 않으면, 형들은 네 아침밥은 물론이고 저녁밥까지 너 대신 먹어 치울 것이다. 설령 네가 사랑으로 그들을 대하더라도 그들은 더욱 엇나가기만 할 것이다."

이라즈는 자애롭고 정의로운 부왕에게 구슬픈 목소리로 대답했다.

"오오, 아버님! 우리가 왜 이 세상에서 원한이라는 나무 열매를 뿌리고 키워야 합니까? 왜 사랑과 신뢰 속에서 짧은 생애를 끝마치려고 하지 않는 것입니까? 사람 목숨은 처음에는 보석처럼 아름답게 빛나더라도 결국에는 송장이 되어 벽돌을 베고 흙 위에 눕습니다. 저는 왕위도 왕관도 결코 원치 않습니다. 만일 아버님께서 허락해주신다면 형님들을 찾아가서 두 사람의 마음을 위로하고 원한을 품지 말아달라고 말해보겠습니다."

"사랑스럽고 현명한 아들아, 형들은 전쟁을 원하는데 너는 축하연을 원하는구나. 적을 사랑하면 어찌하느냐? 물릴 줄 알면서도 뱀의 이빨에 몸을 내주려는 것이냐? 하지만 네 결심이 굳어 보이구나. 준비를 하거라. 그리고 무사히 돌아와야 하느니라."

"현세에서 사람은 무엇을 바랄까요? 이 세상에서 부와 재산과 권력과 명예를 모두 원하는 만큼 누린 왕은 여태까지 많고 틀림없이 앞으로도 수없이 많이 나올 것입니다. 하지만 현세가 우리에게 무엇을 해줄 수 있을까요? 결국에 죽음의 고통과 흙 이불을 받지 않을 자가 한 명이라도 있을까요? 공정하고 자애롭다고 그토록 칭송받던 잠시드왕조차 슬픈 최후를 맞이했습니다. 이 세상에 희망을 건들 무슨 의미가 있겠습니까…?"

현명한 이라즈의 말을 듣고 부왕은 마음이 크게 움직였다. 하지만 부왕은 첫째와 둘째 왕자에 대한 의혹을 완전히 떨쳐버리지 못해 시종 몇 명을 왕자를 위해 고르고, 일국의 왕으로서 그리고 인간으로서 갖추어야 할 도리를 적은 문서를 이라즈에게 맡겼다.

비참한 죽음

세상의 왕 페레이둔은 두 아들에게 다음과 같은 편지를 보냈다.

"사랑스러운 나의 두 아들아, 현명하고 용기 있는 두 왕들아, 고고하게 떠오르는 두 태양 살름과 투르야. 나에게 세상의 왕 자리와 왕관보다 더 중요한 것은 세 아들의 마음이 사랑과 기쁨으로 넘치는 것이다. 너희의 선전포고를 받은 이라즈가 아버지가 쓴 편지를 들고 아버지를 대신하여 너희를 만나러 갈 것이다. 그는 왕좌에서 내려와 너희에게 복종하겠다고 한다. 두 왕들아, 괴로워하며 번민하는 동생을 위로하고 사랑을 쏟아주거라. 며칠간 함께 즐거운 시간을 보내고, 이 젊은이를 틀림없이 아버지에게로 돌려보내길 바란다."

편지에는 아름다운 왕의 인장이 찍혀 있었다.

이라즈가 형들이 있는 성에 거의 도착했을 즈음 그들은 이미 전 군대를 이끌고 기다리고 있었다. 애정으로 가득한 동생의 얼굴은 밝게 빛나고 있었지만, 형들의 가슴에서는 질투와 불만의 먹구름이 소용돌이쳤고 이마는 악의에 찬 나머지 주름이 깊게 패어 있었다.

동생 주변에 흘러넘치는 선의의 빛! 전 군대 병사가 이라즈에게 친애의 눈빛을 보내며 모두 마음속으로 "저분이 이라즈님이구나. 세상의 왕이 되시기에 적합한 분이다!"라고 외치고 있는 것이, 불안한 듯이 그 상황을 지켜보는 두 형들 눈에는 훤히 보였다.

형식적인 인사를 끝마치고 막내가 숙소에 들어갔을 즈음에는 이미 첫째 살름의 가슴에서 새로운 질투의 불꽃이 솟구치고 있었다. 그는 투르에게 이렇게 말했다.

"투르야, 병사들의 반응을 보았느냐? 이것이 대체 무슨 일이냐! 그들이 애정 어린 눈빛으로 이라스를 바라보지 않았느냐? 이라스를 맞이한 후에는 태도가 완전히 바뀌어 있더구나!"

성정이 거친 동생을 부추겨서 이라즈를 망자로 만들려는 계략이었다. 마음이 맑은 막내는 편안하게 잠들었지만, 두 형은 밤새 잠을 이루지 못했다.

빛나는 아침 해가 세 형제 위로 떠올랐다.

두 형이 대진영을 꾸린 황무지에는 셀 수 없이 많은 텐트가 쳐져 있었다. 그중에서도 넓고 색깔이 선명한 것이 세 왕의 텐트였다. 그중 하나인 막내 이라즈의 침소로 형들이 어리석고 암흑 같은 마음을 품고 들어갔다.

형들을 맞이하는 이라즈의 얼굴은 맑게 빛났다. 둘째 투르가 언성을 높여 다음과 같이 말했다.

"너는 우리 둘보다 나이도 어리면서 부왕이 내린 왕좌에 올랐다. 너에게는 살름 큰형은 룸의 노예로 보이고 나는 투란의 노예로 보이느냐? 우리가 이란보다 훨씬 먼 불모지를 다스리느라 얼마나 힘든지 너는 생각해보지 않았을 것이다. 부왕께서는 너만 귀하게 여기신다."

이라즈는 형들을 변함없이 경애하는 마음으로 대답했다. 이란의 왕좌와 왕관은 물론이고 용맹한 군대도 빛나는 보물창고도 그에게는 이미 아무런 가치도 없었다.

형들이 소유한 룸과 서방 제국도, 튀르키스탄과 지나도, 어떠한 지상의 왕권도, 이 세상에 존재하는 모든 것은 생명이 있는 동안에만 소유할 수 있을 뿐이다. 왕도 가난한 자도 죽으면 한 줌 흙이 된다는 것을 이라즈는 알고 있었다.

"형님에게 저의 왕관과 왕의 인장을 드리겠습니다. 아무쪼록 저를 미워하지 말아주십시오. 저는 형님들 마음을 괴롭게 해가며 세상을 다스릴 마음이 없습니다."

동생이 마음을 달빛처럼 청정하게 쓰면 쓸수록 투르는 미친 듯이 화가 났다.

목숨이 아까워졌군! 이제 와서 왕위와 왕관을 받치겠다니 이것이 어찌 된 일인가…! 투르는 지금까지 앉아 있어서 자신의 체온으로 따뜻해진 육중한 황금 의자를 번쩍 들어 이라즈에게 휘둘렀다.

이 순간 이라즈도 형들의 본심을 확실하게 알았다.

"형님, 신이 두렵지 않습니까? 저를 죽이면 그 죄가 당신을 얼마나 괴롭히겠습니까? 당신 마음의 옷이 저의 피로 물들 것입니다. 신의 눈으로 보면 저는 땅에 떨어진 작은 알곡을 옮기는 개미와 다름없습니다. 그러한 저를 죽이는 것이 무슨 의미가 있겠습니까? 당신은 세상의 왕위를 원했고, 저는 이란의 왕위를 내놓았고, 현재 당신은 그것을 손에 넣었습니다. 당신이 하려는 일은 세계의 주인이신 신의 마음을 기쁘게 할 만한 행동이 아닙니다. 그리고 아버님 생각도 하십시오. 나이를 많이 잡수신 아버님께서 얼마나 탄식하실지…"

어떠한 말도 지금은 투르의 귀를 그저 스쳐 지나칠 뿐이었다. 아니, 이라즈가 하는 어떠한 말도 투르의 마음속 분노를 부채질할 뿐이었나. 투르는 상화 속에 숨겨두었던 단검을 빼내어 죄 없는 동생의 가슴을 찔렀다.

마음이 맑고 착한 사이프러스는 붉게 물든 채 쓰러졌다.

이것이야말로 '순환하는 천륜'의 장난이 아니겠는가. 생명 하나를 세상에 내보내고, 그에게 고귀한 아름다움을 주고, 부왕의 자애 속에서 행복한 세월을 보내게 한 끝에, 하늘은 이라즈 앞에 이와 같은 무참한 최후를 준비해놓은 것이다.

젊은 왕자의 옷은 찢어졌고, 장미 꽃잎 같았던 뺨은 피로 얼룩졌다.

"이것이 이란의 왕관을 받은 자의 머리다. 왕좌든 왕관이든 이 머리에게 주어라!"

잔학한 두 형은 동생의 목을 내려친 후 사향, 용연향(향료의 일종)과 함께 비단으로 감싸서 왕에게 보냈다. 고귀한 향은 생명 없는 머리를 헛되이 향기롭게 했다.

늙은 페레이둔왕은 치솟는 불안감을 애써 억누르면서 길이 끝나는 곳을 지긋이 바라보았다. 이미 일수가 충분히 흘렀는데, 이라즈가 돌아오지 않았다. 어떤 불행한 일이 벌어지지 않았으면 좋으련만…. 이러한 근심을 떨쳐내기 위해 왕은 악사를 불러 모으고 연회 준비를 모두 마쳐놓은 후 직접 마중하러 나갈 채비를 했다.

한바탕 검은 바람이 휘몰아치기 시작했다. 그것은 저 멀리서 피어오르는 흙먼지였다.

왕은 말을 타고 달렸다. 내 아들은 어디에 있지?!

사자는 발 빠른 낙타를 멈추어 세우고 슬픈 듯이 황금으로 된 상자를 왕 앞에 내려놓았다. 사자의 얼굴은 창백했고, 아뢰어야 할 말도 바싹 말라붙은 목 안에 머물러 있었다. 상자의 뚜껑을 열자 피로 물든 능직 비단이 나왔고, 다시 그 속에서 그토록 아름답던 이라즈의 머리가 튀어나왔다.

왕은 날카로운 비명을 지르며 말에서 떨어졌고, 병사들은 입고 있던 옷을 찢으며 슬퍼했다. 귀환을 축하하려고 준비한 왕궁 연회 자리는 순식간에 비탄으로 가득 찼다.

검은 흙을 옥좌에 부었다. 코끼리에게는 죽음을 알리는 끈을 맸고, 말은 푸른색으로 물들였고, 깃발은 찢었다.

이라즈의 궁전, 이라즈의 화원, 이라즈의 사이프러스 나무 등 사랑하는 아들을 떠올리게 하는 모든 것을 왕은 불태우고 이 세상의 기쁨으로부터 눈을 닫아버렸다. 왕은 머리카락을 쥐어뜯고, 스스로 얼굴을 때려 피를 흘리며 사랑하는 아들의 머리를 가슴에 끌어안았다.

"오오, 신이시여! 이 대체 무슨 비참한 모습이란 말입니까? 죄 없는 자에게 이러한 죽음을 내리다니! 아아, 사랑하는 아들아, 네가 이렇게 죽어야 한다면… 사람 마음을 가지지 않은 두 형에게 신께서 저주를 내려야 한다. 신이시여, 두 사람의 간을 쇠꼬챙이로 찌르고 지옥의 불로 불태워주십시오. 늙은 아버지의 가슴을 갈가리 찢는 슬픔이 신의 뜻이라면, 신이시여, 원하건대 이라즈의 자식, 그리고 또 그의 자식에에서 전하에서 찾아보기 힘든 강인하고 용맹한 용사가 나오게 해주십시오. 아아, 이라즈의 원수를 갚아주십시오. 그때까지 이 늙은 몸이 이 세상에 머무는 것을 허락해주십시오."

뼈에 사무치도록 탄식하고 눈물이 하염없이 뺨을 타고 흘러내린 탓에 왕의 눈은 빛을 잃고 왕의 가슴에서는 슬픔의 풀이 돋아났다.

이라즈의 손자 마누체르

그 후로 많은 세월이 흘렀지만, 이라즈의 머리를 끌어안고 하늘을 향해 슬픔의 비명을 지른 노왕(老王)이 아직도 이란의 옥좌에 앉아 있었다.

하늘에 계신 신에게 가호를 청하며 이라즈의 원수를 갚겠다고 맹세했던 마음은 조금도 변하지 않았다.

하늘은 이라즈에게 어린 딸을 하나 주었는데, 딸은 이윽고 성장하여 남편을 맞이했고, 두 사람 사이에서 왕이 되기에 적합한 아름다운 아들이 태어났다.

"폐하, 이라즈님께서 태어나셨습니다!"

유모가 무심코 이렇게 외칠 정도로 사내아이는 이라즈를 꼭 빼닮았다. 하지만 증조부인 노왕에게는 아름다운 이 사내아이가 보이지 않았다. 슬픔이 노왕의 눈에서 빛을 앗아갔기 때문이었다.

"아아, 신이시여! 저의 눈에 빛을 돌려주십시오."

노왕은 암흑 속에서 손으로 더듬어 증손자를 끌어안고 신에게 기도했다. 신이 소원을 들어주어서 멍하니 뜨고 있던 노인의 눈이 뜨거운 눈물로 촉촉해지더니 빛을 되찾았다.

아아, 세상이 실로 밝구나. 노왕은 광채 속에서 빛보다 더욱 청정하게 빛나는 어린 생명을 발견했다.

그 아이에게는 '마누체르(천국의 빰)'라는 이름이 어울렸다. "왕자를 안고 흙 위를 걸어서는 안 된다. 바람을 쏘이게 해서도 안 된다. 비단 양산을 씌워서 작열하는 햇빛으로부터 보호하지 않으면 안 된다"라고 노왕은 유모와 시종들에게 명령했다.

나이 먹은 페레이둔왕은 증손자에게 갖가지 국가의 보물을 주었다. 그것은 눈부신 황금 옥좌, 터키석 왕관, 황금 장식이 달린 아라비아 말, 보석이 잔뜩 박힌 인도 검, 그리스 투구, 지나 방패, 표범 가죽으로 만들어진 대형 텐트 등이었다. 이 보물들은 이란 국왕의 덕을 칭송하며 세계 각국에서 보내온 것이었는데, 지금은 마누체르가 그 무엇보다 귀중한 보물이었다.

왕은 이 아이가 성장하는 것만을 즐거움으로 삼으며 살았고, 그렇게 세월이 흘러갔다.

마누체르도 이제 올려다보아야 하는 청년이 되었다. 때때로 가혹한 처사로 우리를 슬픔의 밑바닥으로 떨어뜨리는 '순환하는 천륜'조차도 신기하게도 이 왕자는 자애로운 눈빛으로 바라보는 듯했다.

청년 왕자를 에워싼 무장들은 하나같이 무엇 하나 뒤질 것이 없는 호걸들이었다. 그중에는 뱀왕에게 용감하게 맞섰던 대장장이 카베의 아들도 있었다. 또한 명문 나리만(Nariman) 가문의 삼(Sam), 노한 사자라고 불리는 시르위, 취한 코끼리라고 부르며 적들도 두려워하는 샤푸르도 있었다. 궁전은 이러한 무장들이 모여 있어서 빛나는 투구의 파도로 소용돌이치는 듯했다. 하지만 그중에서도 두려움을 모르는 왕자의 화려한 모습이 유달리 눈에 띄었다. 그리고 모두가 마음속으로 생각하는 것은 단 하나, 죽은 이라즈왕의 원수를 갚아야 한다는 것이었다.

한편, 불만과 질투로 동생을 죽인 두 형, 룸(그리스)과 서방을 다스리는 살름과 튀르키스탄과 지나를 다스리는 투르는 어떻게 지내고 있었을까?

과거에 황금 의자를 휘두르고, 목숨을 구걸하는 동생 이라즈의 가슴에 칼을 꽂은 두 형은 부왕을 찾아뵙지도 못하고 오랜 세월 동안 각자의 나라에서 지냈다. 하지만 이윽고 이라즈의 손자가 이란의 왕좌를 물려받았으며, 청년은 살아생전의 이라즈왕을 꼭 빼닮았고 문무를 겸비했으며 국민의 신망도 두텁다는 소문이 두 사람의 귀에도 들어갔다.

그들에게는 장년 시절의 힘이라고는 이미 없었다. 가슴에 있는 죄의 기억은 두려움으로 바뀌어서 당장이라도 원수를 갚으려고 대군을 끌고 쳐들어올지도 모른다고 생각하면 밤에도 마음 놓고 잘 수가 없었다.

부왕에게 용서를 빌 수밖에 없었다. 의견이 일치한 두 악당은 언변이 뛰어난 사신 두 명을 선발하여 부왕에게 아뢸 사죄의 말을 전달한 후 코끼리 여러 마리와 함께 이란으로 보냈다. 코끼리 등에는 금과 은, 모피, 비단, 사향, 용연향 등 갖가지 값비싼 선물을 실었다.

두 사자는 페레이둔왕의 발치에 무릎을 꿇고 비정한 두 왕이 말한 것보다 훨씬 뛰어난 언변으로 정교하게 말을 골라가며 예를 다하여 부왕에게 사죄했다.

"아아, 저희가 그토록 잔인무도한 짓을 저지른 것은 악신 아리만의 유혹에 미혹되었기 때문입니다. 하지만 지금은 죄를 지었다는 두려움에 떨며 진심으로 후회하고 있습니다. 아버지 왕이시여, 부디 저희를 용서해주십시오. 만일 부왕께서 이라즈의 손자 마누체르를 보내주신다면 우리는 그의 앞에서 노예처럼 꼼짝 않고 서서 괴로운 옛 기억을 속죄의 눈물로 씻어낼 각오가 되어 있습니다."

늙은 왕은 희미한 미소를 얼굴에 띤 채 사자의 말에 귀를 기울였다. 사랑하는 아들을 잃은 고통과 슬픔 때문에 페레이둔왕의 가슴에선 슬픔의 풀이 자라났는데, 그 가슴속에는 은은하게 줄곧 타오른 작은 불꽃과 같은 분노가 있었다.

왕은 옆에 있는 어린나무와 같은 앳된 증손자의 모습을 바라보며 다음과 같이 말했다.

"어리석은 자는 어리석은 말을 내뱉는구나. 너희에게 이라즈를 빼앗겼으나 소중한 마누체르까지 잃는 짓은 하지 않을 것이다. 마누체르를 불러들여 어찌할 속셈인지 내가 모를 줄 아느냐? 나는 괜히 비탄의 눈물을 흘린 것이 아니다. 필히 마누체르를 너희에게 보내마. 하지만 그때는 조부 이라즈의 원수를 갚기 위해 이란 전국의 강인하고 용감한 병사를 이끌고 갈 것이다. 내가 지금까지 원수를 갚지 않고 미룬 것은 아버지인 내가 두 아들과 싸우길 원치 않았기 때문이다. 아아! 저놈들은 신의 뜻도 모르는 채 저러한 허튼소리를 변명이라고 늘어놓는 악인이구나. 너희 아버지는 늙었으나 아직 이 세상에 머무르고 있다. 이 늙은 생명의 유일한 소원은 내 자식 이라즈의 원수를 마누체르에게 갚게 하는 것이다. 사자들아, 내가 한 말을 한마디도 빼놓지 말고 두 얼간이에게 전하거라."

마누체르를 옆에 두고 노왕이 늠름하게 한 말은 늘어서 있는 무장들과 옥좌를 지키는 코끼리와 사자의 머리 위로 퍼져나갔다.

페레이둔왕의 냉엄한 말을 듣고 사자들은 벌벌 떨었다. 사자들의 두 주인이 과거에 지은 죄를 결코 용서하지 않았음을 확실하게 알 수 있었기 때문이었다. 게다가 주인으로 모시고 있으나, 살름과 투르에게 죄가 있음은 사자들도 잘 알았다.

사자에게서 페레이둔왕의 말을 전해 들은 두 왕은 새파랗게 질려서 몸을 벌벌 떨었다.

세계에 이름을 떨친 소머리 철퇴를 든 지혜로운 용사 페레이둔왕과 원수를 갚겠다는 뜻을 가슴에 품은 젊은 사자처럼 용감한 왕자가 이끄는 무시무시한 군대!

이제 일각도 유예할 수 없다. 두 악인은 다시금 부왕과 싸울 결심을 했다.

복수

살름과 투르의 양 군대가 옥수스강을 건너 이란으로 진군하기 시작했다.

이 소식을 전해 들은 페레이둔왕은 마누체르를 불러 복수의 전쟁을 시작할 때가 왔음을 알렸다. 젊은이의 목소리가 늠름하게 울려 퍼졌다.

"오오! 중조부님, 당신에게 맞서는 자가 누구이든 그자는 목숨을 잃을 것입니다. 저는 그리스 쇠사슬 갑옷으로 몸을 보호했습니다. 이라즈 조부님의 원수를 갚을 때까지는 이 갑옷을 벗지 않겠습니다."

아름다운 보석으로 장식된 깃발이 왕의 막사에서 나부꼈다. 온 나라의 무장 병사들이 왕의 깃발이 세워진 곳으로 파도처럼 몰려들었다. 하늘에 메아리치는 고함 소리, 사납게 울부짖는 아라비아 말의 울음소리, 무구를 장착한 코끼리 300마리가 대지를 쿵쿵 구르는 소리가 울려 퍼지는 웅장한 광경에 하늘 한 귀퉁이가 무너져 내릴 듯했다.

30만 병사의 선두에는 대장장이 카베의 깃발이 펄럭였다. 용맹한 무사들은 마치 사자와 같은 기세였고, 손에는 저마다 시퍼렇게 빛나는 검을 쥐고 있었다.

젊은 왕사 마누체르를 중심으로 썰물처럼 잘 차려입은 무사들이 황야를 가득 채운 모습은 마치 혼삿날의 북적거림과 같았다.

왕자는 내일 있을 전쟁을 앞두고 연회 준비를 하도록 시켰다. 악사는 웅장하고 화려한 곡을 연주했고, 술잔에는 붉은 술이 담겼고, 그렇게 전장의 밤이 깊어갔다.

다음 날 아침, 마누체르의 그리스 갑옷에 햇빛이 반사되어 빛나자 양 군대는 함성을 지르며 부딪쳤다.

소리 높은 나팔 소리, 북의 울림, 진군 신호를 보내는 소라고둥 소리가 울려 퍼졌다. 숲처럼 빽빽한 창은 구름에 닿고, 황야는 붉은 튤립으로 뒤덮인 것일까? 대지는 큰 파도에 휩쓸린 듯이 한 번은 오른쪽으로, 한 번은 왼쪽으로 크게 기우는 듯했다.

운명은 결코 똑같은 미소를 두 번 짓지 않는다. '순환하는 천륜'이 희롱하는 운명은 과거에 동생 이라즈를 죽인 투르의 위에서 젊은 사자 마누체르의 위로 옮겨갔다. 하지만 사악한 투르는 거듭 천명을 거스르고 암흑의 검은 천을 이용하여 야습을 감행하려고 했다.

저 젊은 놈이 설마 야전 준비를 하지는 않았을 것이다.

하지만 투르의 목숨은 이미 남은 시간을 다하고 말았다. '순환하는 천륜'이 달콤한 꿀 대신에 쓰디쓴 담즙을 그를 위해 준비해둔 것이었다. 야습하려고 은밀하게 병사를 모은 투르 앞에 마누체르 부대가 나타났다. 선두에서는 대장장이 카베의 깃발이 휘날리고 있었다.

이리하여 기습하려던 투르가 기습을 당했고, 사악한 왕의 등에 마누체르의 투창이 꽂혔다.

투란과 지나의 왕이었던 투르의 머리를 아버지 페레이둔왕에게 보냈다. 사자는 눈물을 글썽이며 가슴에 슬픔을 품고 노왕에게 갔다. 제아무리 사악한 왕이라고 해도 자기 자식이라는 사실에는 변함이 없었기에 투르의 머리를 보고 아버지 노왕이 얼마나 탄식할지 잘 알았기 때문이다.

큰형 살름은 사람들에게 공포를 주었던 뱀왕 자하크의 손자에게 원조를 요청했다.

하지만 '순환하는 천륜'이 편들어주지 않으면 자하크의 손자이든 천하의 왕이든 잠시도 버티지 못한다. 결국, 살름의 머리도 창에 꿰어져서 바람 부는 전쟁터 높은 곳에 효수되었다. 길고 고통스러웠던 전쟁이 끝났다.

마누체르는 서방 나라, 그리스, 튀르키스탄, 그리고 지나의 죄 없는 사람들을 용서했다. 정의롭고 자비로운 왕자는 또한 죄 있는 사람들도 용서했다. 악한 마음을 버리고 선량한 생활을 하도록 교화했고, 모든 사람을 용서했다.

노왕의 슬픔

전쟁에서 이긴 마누체르는 병사를 데리고 이란으로 돌아왔다. 왕사의 귀환 길은 피리, 북, 그 밖의 여러 악기 소리로 떠들썩했고, 젊은 무사는 코끼리 등에 올린 옥좌에 앉아 있었다.

증조부 페레이둔왕은 왕자를 궁전으로 맞이한 후 이번에 승리를 거둔 것에 대해 신에게 감사 기도를 올렸다. 그리고 곁에 있던 용맹한 장군 삼을 뒤돌아보며 이렇게 말했다.

"그대의 강인한 팔에 나의 증손주를 맡기겠노라. 나는 머지않아 세상을 떠날 터이니."

노왕은 이리하여 옥좌를 마누체르에게 물려주고 나리만 가문의 삼에게 왕을 잘 보좌하라고 명한 후 왕이 아닌 평범한 한 사람이 되어 하늘에 계신 신에게 기도를 올렸다.

"신이시여! 제가 진심으로 올리는 감사 인사를 받아주십시오. 당신께서는 저에게 왕관과 인장을 주셨습니다. 당신께서는 제가 세상일을 처리하는 것을 도와주셨습니다. 당신께서 가호해주신 덕분에 저는 세상에 정의를 널리 퍼뜨릴 수 있었습니다. 당신의 힘 덕분에 저는 지상에서 이루고 싶던 소망을 달성할 수 있었습니다. 신이시여, 당신께서는 간악한 두 사람에게도 과보를 내렸습니다. 저는 당신의 은혜로 충분한 수명을 받아서 세 아이보다도 오래 살았습니다. 이제 이 갸륵한 젊은이에게 왕좌를 물려주고 이 세상을 맡깁니다. 아아, 신이시여, 저를 당신 곁으로 불러주십시오."

노왕은 마누체르에게 황금 옥좌를 물려주고, 직접 증손자의 머리 위에 왕관을 올려주었으며, 훌륭한 왕이 지켜야 하는 것들을 가르쳐주었다.

또한 페레이둔은 전쟁에서 승리하여 얻은 많은 보물을 공훈이 있는 자에게 나누어주었다.

페레이둔은 이리하여 속세에서 물러난 후 사람과 접촉하지 않으

며 신이 목숨을 거두어가는 날까지 슬픔 속에서 지냈다. 홀로 지내
는 노인의 일상을 지켜보는 자는 생명 없는 세 아들의 머리뿐이었
다.

500년 동안 왕좌에 앉아서 선정을 베푼 페레이둔왕은 큰 나무가
시들 듯이 하늘로 돌아갔다.

V. 영웅시대

신령한 새가 키운 아이

백발 아기 ————————

　앞에서 살펴본 바와 같이 증조부 페레이둔이 증손자 마누체르 왕자에게 왕좌를 물려주었을 때 청년 왕의 후견인으로 나리만 가문의 무장 삼을 선택했다.

　삼 일족은 지혜롭고 용감한 것으로 천하에 이름을 두루 알렸으며, 왕가로부터 두터운 신뢰를 받았다. 그리고 이란 사람들도 명문 나리만 가문을 사랑하고 존경해서 삼 일족의 어느 집안에 장남이 태어나면 모든 마을과 도시가 칠일 밤낮으로 축하연을 벌일 정도였다.

　하지만 일족의 우두머리인 삼에게는 아들이 없었다. 가는 해에도 오는 해에도 삼은 아들이 태어나기를 애타게 기다리며 신에게 기도를 올렸다. 이것만큼은 자력으로 어찌할 방도가 없었다.

　이란의 적국은 이 사실을 남몰래 기뻐했다. 왜냐하면 무술 실력이 뛰어나고 용감한 일족의 혈통이 끊어지면 강국 이란도 더는 두려워할 것이 없으니 그때야말로 기회다…라며 기회를 노리고 있었기 때문이다.

　그러던 어느 날 드디어 신이 삼의 진심 어린 기도를 들어준 것일까? 수심 가득했던 삼의 눈썹이 쫙 펴졌다. 아이를 받게 되었음을 안 것이다. 삼의 기쁨, 일족의 기대, 이란 사람들의 안도가 얼마나 컸을까?

"아들이면 좋을 텐데!"

"건강하게 태어나게 해주십시오."

이란의 온 나라 사람이 하루하루를 1년처럼 느낄 정도로 애타게 기다렸다.

그리고 탄생 당일이 되었다. 산실에서 건강한 아이 울음소리가 나자 시녀 일곱 명과 유모가 새 생명을, 모두가 기다리던 아이를 에워쌌다.

"남자아이야!"

"어머나! 머리가 새하얗네!"

하늘이 삼에게 내려준 후계자는 태어날 때부터 백발이었다.

여자들은 마치 노인처럼 백발이 성성한 아이를 보고 깜짝 놀랐다.

"하지만 참으로 귀여운 아이예요! 새까만 눈동자…. 그리고 머리카락처럼 온몸이 은색으로 빛나요."

확실히 머리카락이 백발인 것을 빼면 방금 태어난 이 아이는 온몸이 빛나는 것처럼 아름다웠다.

현명하고 깊은 빛이 담긴 눈은 이미 사람 마음을 이해하는 듯했다. 그리고 하늘을 움켜쥐려는 듯이 뻗어 올리는 양팔에서는 '순환하는 천륜'이 사람의 인생에 내리는 고난을 물리치는 힘이 넘치고 있었다.

유모는 소란을 피우는 시녀들을 진정시키고 이렇게 말했다.

"방문을 단단히 닫아걸어라. 그리고 내 말을 잘 듣거라. 이 아이의 머리카락이 백발인 것을 누구에게도 말해서는 안 된다. 주인 어르신께 뭐라고 말씀드릴지는 내가 생각해볼 터이니 그때까지는 아무에게도 아무 말도 해서는 안 된다!"

유모와 시녀를 제외하고는 그 누구도, 하물며 삼조차도 머리카락이 하얀 아이가 태어난 것을 모르는 상태로 이레가 지났다.

'어쩌지? 삼님께 뭐라고 말씀드려야 하지?'

하지만 아무도 좋은 생각이 떠오르지 않았다.

이레째 밤이 밝자 유모는 주인어른 삼의 방으로 갔다.

"마음 넓은 이 세상의 용사, 삼님! 기뻐하십시오. 사모님께서 아드님을 출산하셨습니다."

"오오! 아들이란 말인가?"

삼의 얼굴이 기쁨으로 붉게 상기되었다.

"예. 무척 아름답고 늠름한 아이입니다. 주인 어르신께서 바라신 대로 건강한 사내아이이옵니다. 몸은 더러움을 모르는 은백색으로 빛나고, 뺨은 천국의 꽃잎처럼 붉고, 머리카락은… 머리카락은 재스민 꽃처럼…."

"뭐라고? 재스민 꽃 색깔이라고?!"

"예. 재스민 꽃처럼 향기로운 머리카락을 하고 계십니다. 그리고 재스민 꽃처럼 흰색입니다."

유모는 마음을 진정시키고 하늘을 올려다보며 신에게 기도를 올린 후 말을 이었다.

"지상의 영웅이신 삼님, 하늘에 계신 신께서 내려주신 아기씨이옵니다. 기뻐하십시오….”

아버지 삼은 산실로 달려갔다. 확실히 재스민 꽃 색깔 머리카락을 하고 있었다! 얼굴과 손은 햇빛에 빛나는 은세공품처럼 아름답고, 눈동자는 새까맸다. 하지만 백 살 노인처럼 머리카락은 백발이었다.

“오오, 신이시여! 이것이 대체 어찌 된 일입니까? 검은 눈동자에 흰 머리카락이라니!”

삼은 하늘을 우러러본 후 땅에 넙죽 엎드렸다.

신께서 천벌을 내리신 것일까?

“신이시여! 만일 제가 죄를 지었다면 용서해주십시오. 회개하겠습니다. 하지만 친구와 일족들 앞에서 치욕을 겪게 하지는 말아주십시오!”

삼은 자기 자식이 백발인 것을 보니 부끄러워서 몸이 떨렸다. 내일이 되면 많은 친구와 친족이 아이의 탄생을 축하하러 올 것이다. 그리고 검은 눈동자와 흰 머리카락을 볼 것이다!

“나는 뭐라고 답해야 하지? 이것은 악마의 자식이라고, 검은색과 흰색으로 된 얼룩 표범이라고 답해야 하나…? 손님들은 불길한 이 아이를 보고 숙덕거릴 테지. 아버지는 나를 비웃을 게 틀림없어. 친구와 친족뿐만이 아니라 온 나라 사람과 적국 사람이 이란의 명문 가리만 기문을, 님 일족을 경멸할 거야. 오오! 하늘이 나에게 불행을 내리셨구나! 나는 이 나라를 떠나야 할 거야.”

삼은 가능했다면 신을 저주하고 싶었을 것이다. 이 용감한 무장은 눈앞이 캄캄해졌고, 온몸이 덜덜 떨렸다.

이윽고 그는 웅얼거리듯이 말했다.

"아니야. 틀림없어. 이 아이는 내 자식이 아니야. 악마의 자식일 거야…."

삼은 벌떡 일어나서 큰 소리로 명령을 내렸다.

"이 악마의 자식을 어디로든 데려가라! 사람 눈에 띄지 않을 곳으로 데려가라!"

삼이 애타게 기다린 기쁨의 날이 깊은 슬픔 속에서 저물었다.

밤의 어둠이 사람들 눈에서 빛을 빼앗아갔을 즈음 두 기사가 작은 짐을 옆구리에 끼고 삼의 저택에서 빠져나갔다. 두 검은 그림자는 몇 날 며칠을 마치 바람처럼 번개처럼 야산을 달려 빠져나가서 이윽고 엘부르즈산맥 기슭에 도착했다.

엘부르즈산맥은 이란 북쪽 변두리에 쭉 이어져 있는 산맥으로, 해발 고도 약 5,600m인 주봉 다마반드산 꼭대기는 만년설로 덮여 있다. 엘부르즈산맥 너머가 오늘날의 카스피해인데, 고대 사람들은 이를 대지 끝에 있는 보루카사해라고 믿었다.

태양이 서쪽 하늘로 기울기 시작하여 엘부르즈산맥에 있는 바위들의 그림자가 조금씩 길어지다가 저녁이 되어 태양이 서쪽 산에 걸리자 만년설이 붉게 물들었다. 대양이 순식간에 땅끝으로 삼켜지자 엘부르즈산맥은 밤의 어둠 속에 갇혀버렸다.

땅끝에 있어서 사람들이 두려워하던 이 산맥의 어디인지 모를 봉우리에 신의 사자인 신령한 새 시무르그가 산다는 말이 전해져 내려왔다. 이 새를 두려워하여 인간은 물론이고 땅 위를 달리는 동물과 하늘을 나는 새도 그 근처에는 다가가지 않았다.

삼의 저택에서 출발한 두 기사는 이 산기슭에 솟아 있는 바위와 바위 사이에 백발 아기를 두고 뒤도 돌아보지 않고 도망쳐 돌아왔다.

'순환하는 천륜'은 후계자를 애타게 기다리던 무장 삼에게 아이를 점지해주고 그 아이에게 백발을 주었다. 갓 태어난 죄 없는 생명은 이란 명문가의 아름다운 저택에서 부드러운 비단에 감싸여 젖을 먹는 대신에 단단하고 거친 바위 사이에 버려졌다.

백발 아기는 사람 자식으로서 이름을 받지도 못하고 이틀 동안 산 위에서 불어 내려오는 바람을 맞으며 울었다.

신령한 새 시무르그

사흘째 되는 날이었다.

신령한 새 시무르그가 새끼들에게 먹일 먹이를 구하기 위해 산 꼭대기에서 날아올랐다. 날개를 쫙 펴고 날아오르면 산의 절반이 그 그림자에 들어갈 정도였다. 이윽고 시무르그가 기슭 바위 사이에서 울고 있는 아기를 발견했다.

"오오! 괜찮은 먹잇감을 발견했다!"

하지만 시무르그의 새끼들은 둥지로 가져온 백발 아기를 먹으려고 하지 않았다. 은백색으로 빛나는 아름다운 아기의 피부를 새끼들이 부드러운 깃털로 따뜻하게 해주었다.

시무르그의 가슴에서 따스한 부모의 마음이 솟아났다.

"숲에 사는 표범조차 자식을 버리지 않는데, 이 사람 아기에게는 유모도 없고 어미도 없구나! 젖을 대신하여 이 아이에게 줄 것을 찾아보아야겠다."

이리하여 부모 새가 먹이를 찾는 동안 새끼들이 햇빛이 반사되어 빛나는 아기의 백발을 쓰다듬어주고 깃털로 눈물을 닦아주었다. 부모 새는 부드러운 고기의 육즙만을 빨아 먹게 하며 아이를 키웠다.

삼이 버리고 오라고 명한 백발 아기는 시무르그의 새끼들과 함께 마치 그들의 남동생처럼 산꼭대기에 있는 둥지에서 자랐다.

그로부터 오랜 세월이 흘러 갓난아기는 어느새 훌륭한 청년으로 성장했다. 신령한 새 시무르그는 청년에게 사람 말과 여러 가지 지식을 가르쳐주었다. 또 때로는 자기 등에 청년을 태우고 사냥하러 가기도 하고 인간 세상을 보여주기도 했다.

어느 날 길을 잃은 세 나그네가 신령한 새가 사는 산기슭으로 흘러들었다.

"오오! 시무르그의 둥지다!"

그들은 산꼭대기에 있는 아름다운 둥지를 발견하고 소리쳤다. 하물며 둥지 옆에 청년 한 명이 서 있는 것이 아닌가! 젊은이는 검은색과 흰색의 털로 된 얼룩 표범 모피를 허리에 둘렀고, 큰 활을 둘러멘 늠름한 어깨는 빛나는 듯했으며, 그리고 아아, 은백색 번개처럼 긴 백발이 바람에 나부끼며 등에서부터 허리까지 이어지며 풍성하게 흘러내려와 있었다.

세 나그네는 산 정상에 서 있던 고귀하고 신비로운 젊은이의 모습을 잊을 수 없어서 이 마을 저 마을을 가리지 않고 사람을 만날 때마다 그 이야기를 했다. 소문은 순식간에 이란 전체로 퍼져나갔고 결국 영웅 삼의 귀에까지 들어갔다.

달은 없고 그저 별만이 깜깜한 밤하늘에서 반짝이는 밤이었다.

대낮의 햇빛 아래에서는 시시껄렁한 소문이라며 부정할 수 있었지만, 밤이 되니 옛날에 자식을 내다버린 죄와 두려움이 마음으로 파고들었다. 삼은 괴롭고 얕은 잠에 들었다. 삼은 자신이 눈을 뜨고 있는 것인지 아니면 사막 한가운데에서 신기루를 보고 있는 것인지 알 수 없었다.

그때 아득히 먼 인도 쪽에서 한 남자가 아라비아 말을 타고 급히 달려와서 갑자기 삼 앞에서 말을 세우고, "당신 아들은 살아 있소"라고 외치더니 다시 질풍처럼 말을 달려 사라졌다.

삼은 눈을 번쩍 떴다. 그는 즉시 사제들을 저택으로 불러 모으고 자신이 꾼 꿈과 하늘이 점지해준 아이를 내다 버렸다는 무시무시한 이야기를 털어놓았다.

"갓난아기가 산속에서 살아남았으리라고 생각하기 어렵지만, 지금도 그 남자 목소리가 너무나도 또렷하게 귓가에서 맴돈다. 내 자식이 살아 있는가?"

그 자리에 모인 사제들은 입을 모아 대답했다.

"소문의 청년이 당신 자식이 틀림없습니다. 오오, 깊은 죄를 지었군요! 신께 용서를 구하십시오!"

삼은 땅에 엎드려 신에게 사죄의 기도를 올렸다. 하지만 어떻게 기도를 올리든 자식을 버린 죄를 용서받을 수 있을 리 없다. 과거에 자식의 백발을 부끄럽게 여겼던 마음이 지금은 신에 대한 두려움으로 가득 찼다.

삼은 여행을 떠날 채비를 하고 엘부르즈산으로 향했다.

산맥은 북쪽 땅끝에 솟아 있어서 아득히 멀어 보였다. 아이를 찾는 부모의 마음은 애처로운 법이다. 가도 가도 험준한 산은 가까워질 줄을 몰랐다. 여행의 피로와 그보다 더 큰 신을 두려워하는 마음의 피로가 겹쳐, 어느 날 밤 머릿속이 진흙처럼 무겁게 가라앉아 잠에 빠져들었을 때 삼은 다시 한번 꿈을 꾸었다.

인도의 산에서 깃발이 휘날렸고, 한 젊은 무사가 대군을 거느리고 나타나 이렇게 외쳤다.

"백발 아들을 사랑해주지 않고, 아들의 백발을 가문의 수치로 여기고, 신이 내려주신 죄 없는 생명을 버린 놈이 네 놈이로군! 보아라! 네 놈의 머리카락도 지금은 새하얗지 않느냐?"

삼은 비명을 지르며 눈을 떴다.

눈앞의 엘부르즈산맥은 거대한 암석이 병풍처럼 둘러쳐져 있고, 산꼭대기는 새벽 별에 닿을 정도로 우뚝 솟아 있었다. 그 위로 꿈

속에서나 볼 법한 궁전이 허공에 떠 있는 것처럼 보이는 신령한 새의 훌륭한 둥지가 있었다. 둥지라고는 하나 나뭇가지와 흙으로 만들어지지 않았다. 흑단과 백단, 눈주목나무, 그 밖의 여러 가지 향기로운 나무로 만들어져 있었다.

그리고 오오! 둥지 근처에 얼굴 생김새가 삼과 많이 닮은 청년이 서 있었다.

용사 삼은 그만 저도 모르게 땅에 넙죽 엎드렸다.

삼은 신이 부린 조화를 보는 것만 같았다. 젖도 없고, 어미도 없고, 불도 없을 저 높은 곳에서 그때 그 갓난아기가 어찌 살아남았을까? 곧 죽었어야 할 아이가 신의 은총을 받아서 훌륭한 청년으로 성장하다니!

그런데 꿈에 나왔던 청년의 외침은 저주가 아니었나? 내 아이를 만날 수 없을 것이라는 불길한 징조가 아니었나?

그 증거로 시종들이 아무리 찾아도 산꼭대기로 올라가는 길을 찾을 수가 없었다.

삼은 땅에 엎드려 신에게 기도를 올렸다.

"신이시여! 죄 깊은 저를 용서해주십시오. 하늘에 있는 나의 아이를 땅으로 내려주십시오. 오오! 저 아이는 비단 대신에 짐승의 모피를 몸에 두르고, 젖 대신에 날고기의 육즙을 빨아먹으며, 어미가 아니라 새의 손에 실려셨군요. 신이시여, 용서해주신다면 앞으로는 삿된 마음을 버리고 내 아이에게 사랑을 쏟겠습니다."

전능한 신은 이제 아들처럼 백발이 된 늙은 아버지의 기도를 가

런하게 여기셨는지 하늘에서 땅으로 희망의 빛을 내려주셨다.

신령한 새 시무르그가 땅에 엎드려 있는 삼의 모습을 보았다. 신령한 새는 신의 사자이다. 시무르그는 늙은 무사가 청년의 아버지임을 알아보았다.

시무르그가 청년에게 말했다.

"산기슭에 너희 아버지, 용사 삼이 있다. 너를 데리러 온 것이다. 나는 너를 네 아버지 품으로 돌려주려고 한다."

청년은 사람이 소망할 수 있는 모든 지력, 담력, 의지력, 육체의 힘을 신령한 새 시무르그에게 받았다. 그리고 무엇보다 젊은이는 우는 게 전부였던 아기 때부터 어머니처럼 키워준 신령한 새에게 사랑을 받았다.

그는 시무르그를 부모처럼 따르고 존경했다. 시무르그의 등에 올라타서 천공에서 지상을 내려다볼 수 있었던 청년은 지상의 부나 권력이나 명예 같은 것이 부럽게 여겨지지 않았다.

산꼭대기 둥지야말로 자기 옥좌, 신령한 새의 날개야말로 자기 왕관이라고 믿으며 지상에서 뚝 떨어져서 자랐다.

"내 아들아! 용기를 내거라. 그 높은 곳은 네가 있을 곳이 아니다. 너는 지상 왕국의 용사. 지금이야말로 인간 세계로 돌아와서 너의 운명을 시험할 때이다."

시무르그는 날개에서 아름다운 깃털 하나를 뽑아서 청년에게 주었다.

"이 깃털을 몸에 늘 지니고 다니거라. 만일 네 신변에 큰일이 생기거든 이 큰 깃털에서 작은 깃털을 뽑아서 불에 태우거라. 그러면 내가 바로 너에게 날아가마. 사랑하는 아들아, 나를 잊지 말거라."

신령한 새의 말을 통해 청년 앞에 거대한 운명이 기다리고 있음을 알 수 있었다.

그는 정든 산꼭대기 궁전에 이별을 고하고 시무르그의 등에 올라탔다. 신령한 새는 하늘 높이 날아올라 땅끝 산맥의 전체적인 모습을 청년에게 보여준 후 마치 봄날의 구름처럼 가벼이 지상에 내려앉았다. 부근 일대는 천국의 정원처럼 그윽한 향기에 감싸였다.

엉겁결에 땅에 엎드린 영웅 삼 앞에 청년이 섰다.

"오오, 새의 왕이여! 신에게 받은 덕성과 힘을 선한 일에만 쓰는 신령한 새여! 나의 아들을 키워준 분이시여! 사람의 도리에서 어긋난 짓을 한 저를 용서해주십시오."

눈물을 흘리며 배웅하는 부모와 자식, 시종들의 시야에서 신령한 새 시무르그는 하늘 높은 곳으로 날아올라 순식간에 사라졌다.

지상에서 자식을 맞이한 삼은 그 아름다움에 놀랄 뿐이었다. 머리카락도 눈썹도 은백색으로 빛났고, 눈은 타르처럼 검고, 뺨과 입술은 장미꽃잎처럼 붉었다. 그리고 신령한 새에게 갖가지 귀한 힘을 받아서 청년은 범접하기 힘든 위엄을 풍겼다.

허공에 떠 있는 태양이 그들에게 축복의 빛을 내리비추자 청년의 백빌은 황금처럼 빛났다. 삼은 젊은이에게 잘 이자르(Zal-lZar, 황금색으로 빛나는 백발 잘)라는 이름을 붙여주고, 지상의 왕자가 입기에 적합한 훌륭한 옷과 말 한 필을 주었다.

"아들아, 용서해다오! 무거운 죄를 지은 것을 진심으로 후회하고 있다. 너에게는 앞으로 사랑만 주마. 그런데 신령한 새 시무르그 덕분인지 실로 훌륭하고 늠름한 청년으로 성장했구나!"

멀찍이 떨어져 있던 시종들도 아버지와 아들을 둘러쌌고, 축복의 북과 나팔 소리가 하늘 높이 울려 퍼졌다. 환희에 찬 병사들의 목소리 사이로 황금종 소리가 아름답게 울려 퍼졌다.

영웅 삼에게는 지금, 큰 뜻과 늠름한 힘을 지닌 아들 잘이 태어난 것이었다.

2. 영웅의 사랑

잘의 사랑

신령한 새가 키운 잘의 모든 것이 아버지 삼에게는 기쁨이었다. 또한 아들의 지력, 무기를 다루는 힘, 자비심이 아버지의 자랑거리였다. 아버지는 영지를 잘에게 맡기고 이란 마누체르왕의 궁전에 가기도 하고, 때로는 왕의 명령을 받고 타국으로 원정을 가기도 했다.

그러던 어느 날 청년 잘은 사냥을 나갔다. 넓게 탁 트인 자불리스탄(Zabulistan, 오늘날의 아프가니스탄 남부) 벌판에서 여러 동료와 시종들과 함께 사냥감을 추격하는 즐거움은 청년의 마음을 앞으로 앞으로 몰았다.

마음이 이끄는 대로 마음 가는 대로 청년들은 들판을 달렸고, 지치면 그곳이 그들의 주연석이 되었다. 악사가 연주하는 아름다운 선율과 시인이 읊는 시를 즐기며 텐트에서 기분 좋게 하룻밤을 보낸 후 다음 닐에는 또 나른 방향으로 슬거움을 찾아 떠났다.

그들은 어느새 메라브왕(Mehrab王)의 영토, 카불(Kabul)에 들어섰다. 카불은 지금은 힘이 약하여 잘의 아버지에게 조공을 바치는 소국이지만, 메라브왕의 선조 중에는 잔학한 아랍의 뱀왕도 있다. 어깨에서 검은 뱀 두 미리기 자라닌 무시운 사하그왕 이야기를 우리는 잘 알고 있다.

하지만 현재 카불의 왕 메라브는 현명하고 용감하며 특히 용모가 빼어나게 아름다운 것으로 소문이 자자했다.

메라브왕은 백발 용사 잘이 자기 나라 가까이까지 온 것을 알고 크게 기뻐하며, 해가 뜸과 동시에 아름답게 장식된 기마와 노예들을 거느리고 황야로 행차했다.

잘을 환영하는 행렬이 끌고 온 말에는 산처럼 수북한 향료와 견직물, 빛깔이 아름다운 보석, 목걸이 등의 선물이 잔뜩 실려 있었다. 말의 등이 휘어져 있을 정도였다.

한편, 잘도 이 예의 바른 타국 왕의 환대에 마음을 열고 곧 주연을 열었다. 모두에게 감미로운 술을 돌렸고, 절묘한 악기 소리가 일대에 울려 퍼졌다.

메라브왕이 무엇보다 놀란 것은 백발 청년 잘의 시원시원한 성격이었다. 키가 크고, 당당하게 땅을 밟으며, 검게 빛나는 현명한 눈동자, 붉은 뺨…. 몸에서는 힘이 넘쳐흘러 코끼리와 사자도 단숨에 쓰러뜨릴 것이 틀림없었다. 이런 아들이 있으면 전 세계를 손에 넣을 수도 있겠다고 메라브왕은 마음속으로 중얼거렸다.

이윽고 주연이 끝날 무렵 메라브왕이 일어섰다. 잘의 검은 눈동자가 메라브왕의 모습을 가만히 바라보았다.

"오오, 신의 은총을 받은 아름다움이구나."

무심결에 입 밖으로 튀어나온 탄식 소리를 듣고 친구가 말했다.

"그래! 저 왕에게 아름다운 딸이 있는 걸로 알아."

그 딸의 뺨은 햇빛처럼 빛났고, 눈은 수선화와 같았다. 속눈썹은 물에 젖은 까마귀의 깃털처럼 윤기가 났다. 만일 달의 아름다움을 갖고자 하는 자가 있다면 그녀의 뺨에서 그것을 찾을 수 있을 것이다. 또 향기로운 사향은 그녀의 검은 머리카락 속에 있다고 사람들은 수군거렸다….

잘은 태어나서 처음 듣는 이러한 처녀의 모습을 마음속에 그려보았다. 그러자 청춘을 맞이한 잘은 가슴이 설레 잠이 멀리 달아나 버렸다.

다음 날 메라브왕이 다시 잘을 찾아왔다. 황야에 설치된 대형 텐트에서 백발 잘이 다시금 메라브왕을 대접했다.

환대를 받은 왕은 다음과 같이 말했다.

"오오, 자불리스탄의 젊은이여! 저에게 한 가지 바람이 있습니다. 아무쪼록 저의 성에 와주십시오. 저의 손님이 되어주신다면 우리나라에 더없는 영광이 될 것입니다."

백발 청년 잘은 마음이 들떴다.

지난밤 그의 가슴에 깃든 아름다운 공주를 만날 수 있을지도 모르기 때문이었다. 하지만 그는 이렇게 대답했다.

"왕이시여, 다른 부탁이라면 무엇이든 들어드리겠습니다. 하지만 뱀왕 자하크의 피를 이어받은 왕의 손님이 되면 우리나라 이란의 마누체르왕도, 나의 아버지 삼도 기뻐하지 않을 것입니다."

'뱀왕이라고 부르다니!'

메라브왕의 가슴에서 분노의 불이 피어올랐지만, 잘에게 환대해주어서 고맙다고 인사하고 성으로 돌아왔다.

애써 초대를 거절했지만, 청년 잘의 마음속에는 아직 본 적도 없는 메라브왕의 아름다운 딸의 모습이 이미 담겨 있었다.

루다베(Rudabeh) 공주

잘과 헤어지고 성으로 돌아온 메라브왕을 아리따운 두 여성이 맞이했다. 한 명은 메라브왕의 왕비 신두흐트(Sindukht), 다른 한 명은 그곳에 있는 것만으로도 공간 전체가 밝아질 정도로 아름다운 딸 루다베였다.

왕비는 메라브왕에게 넌지시 잘이 어떤 청년인지 물었다.

"그분이 어찌 대접하던가요? 새가 키웠다던데, 행동거지가 일반적인 사람과 다르지는 않던가요? 몸가짐은 장군답던가요? 시무르그라는 신령한 새의 손에서 자랐으니 옥좌보다는 옛 둥지로 돌아가고 싶어 하지는 않는지…?"

메라브왕은 잘의 용모와 마음씨를 칭찬했다.

"그 젊은이는 박태기나무 꽃에 비유하고 싶은 붉은 뺨은 가졌고, 마음이 넓고, 인간 세상에 대한 식견도 넓고, 지적 능력도 뛰어났다네. 양팔에는 나일강과 같은 힘이 잠재되어 있을 테니까 한번 분노하면 틀림없이 드래곤처럼 날카롭게 발톱을 세우고 싱어처럼 사납게 날뛸 것이오. 옥좌에 오르면 아까워하지 않고 황금을 베풀 것이고, 전쟁터에서는 가차 없이 내리친 적군의 머리가 하늘을 날아다니게 할 것이오. 그야말로 수사자의 마음과 코끼리의 괴력을 가졌소. 다만, 피부와 머리카락이 재스민처럼 순백색이지만, 그 흰색도 그 젊은이에게는 아주 잘 어울리오. 신비로운 인물이라 하겠소."

딸 루다베의 뺨이 순식간에 붉게 물들었다. 부왕이 묘사한 용감한 청년의 모습을 마음속으로 상상해본 후 공주의 작은 가슴에 사랑이 싹튼 것이었다.

루다베에게는 다섯 시녀가 있었다. 다섯 시녀에게는 무엇이든 감추지 않고 털어놓을 수 있었다. 루다베는 부왕의 이야기를 듣고 청년 잘을 연모하게 되었다고 시녀들에게 고백했다.

"나는 아무래도 잘님을 연모하는 것 같아. 그분 생각을 하면 가슴이 아파서 잠을 이룰 수가 없어. 어떻게 하면 좋을까? 어떻게 하면 그분을 만날 수 있을까?"

시녀들은 예상치 못한 공주님의 비밀을 듣고 깜짝 놀랐다.

"어찌 된 일이옵니까? 당신께서는 일곱 국가에 다시 없을 고귀한 공주님이신데, 그런 백발 청년에게 마음을 빼앗기셨다는 말씀입니까? 세상의 명문 귀족 청년들이 공주님을 사모하는데, 아버지에게 버림받고 새의 손에 길러졌으며 태생적으로 노인으로 태어난 자를 사랑하십니까?"

시녀들이 한탄하자 루다베의 마음은 더욱 불타올랐다.

"내 마음은 그 별에게 빼앗기고 말았어. 설령 달과 같은 분이 나타난다고 해도 내 마음은 흔들리지 않아. 로마 황제도 지나 천자도 내 마음속에 계신 용기와 덕성을 두루 갖춘 잘님에게는 상대가 되지 않아."

처음으로 가슴에 입은 사랑의 상처는 깊었고, 공주는 계속해서 고백했다.

"세상 사람들이 잘님을 두고 노인이라고 부르든 뭐라고 부르든 나는 그분의 겉모습에 끌린 게 아니야. 나는 그분의 마음에 매료되었어…."

시녀들은 너무나도 한결같은 공주님의 사랑에 놀라면서도 합심하여 공주님의 소원이 성취되도록 돕기로 했다.

"공주님의 한결같은 사랑을 위해 저희 목숨을 바치겠습니다. 저희에게 마법의 힘이 있다면 그분을 당신에게로 데려올 수 있을 텐데. 말씀해주십시오. 당신의 행복을 위해 저희가 무엇을 할 수 있을지…."

때는 봄, 이란의 새해에 해당하는 파르바르딘달(3월 21일~4월 20일)이었다.

메라브왕과 헤어진 후 잘은 강가 사냥터에 텐트를 쳤다. 근처 일대는 봄꽃 향기로 가득했다.

다섯 시녀는 강 선너편 기슭에서 잘의 텐트를 지켜보며 들꽃을 꺾기 시작했다. 화사한 처녀들의 모습이 잘의 눈에 들어오지 않을 리 없었다.

'저들은 어디에서 온 꽃들일까?'

그리고 그녀들이 자기가 남몰래 마음에 품고 있는 공주의 시녀라는 것을 알고 잘은 자신의 마음을 공주에게 전할 화살과 그것을 강 건너편에 보낼 활을 들고 강가에 섰다. 어린 시종이 걱정스러운 듯이 잘의 뒤를 따랐다.

물새 한 마리가 수면에 내려앉았다.

잘은 화살을 활시위에 걸고, 물새, 나아가서는 건너편 기슭, 더 나아가서는 성안에 있는 공주를 목표로 활을 쏘았다. 화살은 새를 관통하고 그 기세로 사랑하는 여인의 시녀들이 꽃과 같은 모습으로 꽃을 꺾는 건너편 기슭으로 날아갔다.

잘은 어린 시종에게 명했다.

"저 새를 가져오느라!"

신령한 새에게 길러진 젊은 주군을 모시는 어린 시종은 건너편 기슭으로 건너갔고, 새를 찾다가 보니 시녀들에게 둘러싸여 있었다.

"무엇을 찾나요?"

"새를 찾습니다."

"어떤 새죠?"

"화살을 맞은 새를 찾습니다."

어린 시종은 귀여운 얼굴을 수풀 사이에서 들고 아름다운 여자들을 바라보았다. 시녀들이 일제히 어린 시종에게 말을 걸었다.

"화살을 쏜 분은 누구시고, 그분은 어째서 강가로 오지 않으시나요?"

"새를 관통한 화살의 만듦새를 보면 우리는 그분의 집안 내력을 알 수 있습니다."

어린 시종이 대답했다.

"활을 쏘신 분은 세상에서 가장 아름다우신 분. 저의 주인은 용사 삼 나리만의 아드님, 잘님입니다."

"아니요. 세상에서 가장 아름다운 분은 우리가 섬기는 루다베 공주님이옵니다."

그 후로도 잘을 모시는 어린 시종과 루다베를 모시는 시녀들 사이에서 자기 주인의 아름다움을 칭송하는 말이 끝없이 오갔다.

시녀 중 한 명이 마지막으로 이렇게 말했다.

"그렇다면 잘님과 우리 루다베 공주님이 부부가 되면 얼마나 잘 어울릴까요?"

다시 강을 건너 잘에게로 돌아온 어린 시종은 화살을 맞은 사냥감보다 더 좋은 것을 젊은 무사에게 가져왔다. 바로 시녀들이 돌아가며 들려준 루다베 공주의 아름다움과 고귀함이었다.

젊은 잘의 마음이 불타올랐다.

사랑이란 이러한 것이다. 두 사람은 아직 만난 적이 없지만, 두 사람의 마음에서는 상대를 그리워하는 마음이 싹텄다. 잘은 강을 건너가서 시녀들에게 메라브왕의 딸이 어떤 사람인지 더 자세하게 듣지 않을 수 없었다.

강가에 핀 색색깔의 꽃보다 더 싱싱하고 아름다운 꽃들이 머리를 숙이고 청년 용사를 맞이했다.

"우리 루다베 공주님의 아름다움은 말로는 다 표현할 수 없습니다. 머리카락은 사향처럼 검고, 뺨은 붉고, 피부는 은처럼 빛납니다. 지나(중국)의 우상(偶像)도 공주님의 아름다움에는 비할 바가 되지 않습니다. 달도, 별도 공주님을 보면 부끄러운 나머지 저물 것입니다."

잘은 공주를 한 번만이라도 볼 수 있다면 무슨 일이든 하기로 마음먹었다. 밤의 어둠을 틈타 메라브왕의 성에 숨어 들어가서 공주 방의 창문 밑에 서자. 신께서 이 사랑에 틀림없이 은총을 내려주실 것이다. 그는 시녀들과 함께 만반의 준비를 했다.

루다베의 시녀들은 청년 잘의 무사다운 당당한 모습, 우아한 언행, 그리고 무엇보다 공주님을 향한 한결같은 연심을 보고 누구 하나 그를 두고 새가 키운 노인이라고 하지 않았다.

그녀들은 저마다 손에 꽃을 들고 성으로 돌아가서 자신들이 본 것, 들은 것, 느낀 것을 모두 공주에게 말했다.

현명한 루다베는 자기 마음에 싹튼 사랑에 틀림이 없었음을 신에게 감사하고, 작은 가슴으로 굳게 설심했다.

내 눈으로 직접 확인하자. 잘님이야말로 신께서 고르신 내 남편이 될 분이다…라고 생각했다.

창가의 연인

밤이 되자 타르를 쏟아놓은 듯한 암흑 망토가 숲도, 들도, 왕궁도, 왕궁 정원도 모두 감쌌다. 루다베 공주 방에 달린, 바깥쪽으로 돌출된 창문 부근에 어린 시종 한 명이 섰다.

그 창문에서는 저 멀리서 오는 자의 모습도, 어둠 속에서 나타나는 자의 모습도 분명하게 포착할 수 있었다.

이윽고 넓게 펼쳐진 암흑에 집중하던 어린 시종의 눈에 나부끼며 빛나는 은발 머리카락을 지닌 용감한 기사의 모습이 들어왔다.

"잘님께서 오십니다!"

어린 시종의 말을 듣고 루다베의 작은 가슴에서 불꽃이 퍼져나갔다.

공주는 창가로 나왔다. 어둠 속에서 빛나던 은백색은 순식간에 커졌고, 이윽고 기사는 창문 밑에 와서 섰다. 아아, 그야말로 싱그러운 사이프러스 나무와 같고, 용맹한 젊은 사자와 같구나.

"잘 오셨습니다. 신의 축복이 당신에게 내리길 기원합니다."

깜깜한 하늘에 달이 떠오른 것처럼 아름다운 루다베가 높은 곳의 창가에서 조신하게, 하지만 검은 눈동자에 마음을 담아서 지긋이 청년을 내려다보았다. 이제 막 사랑에 눈을 뜬 청초하고 감미로운 눈빛이었다.

잘은 그 달을 더 가까이에서 보고, 그 달콤한 목소리를 더 가까이에서 듣고 싶었다.

"당신은 달처럼 빛나고, 별처럼 내 손이 닿지 않는 곳에 있습니다. 아무쪼록 저를 당신 가까이로 끌어올려주십시오."

공주는 달처럼 아름다운 뺨과 어깨에 드리운, 둘둘 말아놓았던 풍성하고 향기로운 머리카락을, 키보다도 긴 검은 머리카락을 잘에게 신중하게 던졌다. 머리카락은 좋은 향기를 내뿜으며 밤의 어둠 속에서 살아 있는 생명체처럼 미끄러져 내려가서 젊은 무사의 손안으로 떨어졌다.

둘둘 말아 올린 미녀의 머리카락은 사랑을 움켜쥐는 올가미라고 한다. 공주의 의도는 줄을 잡고 올라오라는 것일까? 그렇지 않으면 당신의 마음은 이미 내 머리카락에 사로잡혔다는 것일까?

머리카락 향기에 취한 듯이 황홀한 기분을 느끼는 잘에게 어린 시종이 줄을 내밀었다. 사랑에 빠진 젊은이는 그것을 공주가 있는 높은 층으로 던졌다. 줄은 잘이 사랑하는 여성에게 휘감기듯이 창가에 있는 무언가에 휘감겼고, 그의 모습은 순식간에 공주의 방 안으로 사라졌다.

공주의 방에는 지나 비단이 깔려 있었다. 갖가지 향료와 장미, 재스민, 백합, 박태기나무 등의 아름다운 색색깔 꽃이 천국의 정원인가 싶은 향기를 내뿜고 있었다. 술잔에는 붉은 술이 담겨 있고, 황금 접시에는 여러 가지 나무 열매가 담겨 있었다. 하지만 무엇보다 눈길을 끄는 것은 공주였다. 칠흑 같은 머리카락, 검게 빛나는 동그란 눈동자, 부드러워 보이는 뺨, 산호와 같은 입술, 그리고 공주의 작은 마음을 가장 잘 표현하는 말이라고 할 수 있는 수줍음과 결의가 섞인 갸륵한 모습….

한편, 잘의 아름다움도 공주의 마음을 사로잡지 않았을 리 없었다. 처음으로 보는 연인의 아름다움에 끓어오르는 피가 청년의 뺨을 물들였다. 청춘만이 느낄 수 있는 설렘과 그 자리에 서 있을 수 없는 흥분을, 그럼에도 넋을 잃고 아름다운 꽃을 가만히 바라보는 진지한 눈빛에서 읽을 수 있었다.

이윽고 잘이 다음과 같이 말을 걸었다.

"오오! 아름다운 여인이여, 나는 당신을 만났기 때문에 이제 이 세상의 어떠한 여성도 아내로 맞이할 수 없습니다. 당신이야말로 나의 아내가 될 사람입니다. 하지만 공주여! 나의 아버지 삼도, 이란 국왕 마누체르도 나의 결심을 들으면 필시 분노할 것입니다. 아아! 이란에게 당신은 마왕 자하크의 자손이기 때문입니다."

기쁨의 절정을 느끼던 공주의 아름다운 눈에서 진주 같은 눈물이 떨어졌다.

공주는 무시무시한 조상의 일을 알고 있었다. 어깨에서 자라난 두 마리 뱀을 키우기 위해 매일 이란인 두 명을 죽인 왕의 이야기를 알고 있었다.

하지만 그 잔혹한 왕과 내가 대체 무슨 관련이 있는 것일까? 아버지 메라브왕도 어머님도 마음 따뜻한 분이고, 현재 카불은 비록 소국이시만 사람들이 평화와 행복 속에서 살고 있지 않은가?

공주의 눈이 똑바로 잘을 바라보았고, 산호처럼 아름다운 입술이 다음과 같이 확실하게 말했다.

"잘님, 저는 신께 맹세했습니다. 당신의 무용과 공로를 들었을 때부터 저는 당신을 사모했습니다. 그리고 지금 제 눈앞에 서 있는 당신을 보고, 제 남편은 당신 이외에는 없음을 확신했습니다."

꽃처럼 곱고 바람이 불면 흔들릴 것처럼 가련한 모습 속에 강하고 맑은 사랑이 담겨 있었다.

잘은 깊이 감동하여 그녀에 대한 사랑이 더욱 커졌다.

잘은 이란 국왕 마누체르와 아버지 삼의 마음에서 공주 나라를 증오하는 마음을 씻어내달라고 신에게 기도하는 것 외에는 다른 방법이 없겠다고 생각했다.

"슬퍼하지 마십시오, 아름다운 여인이여. 청정한 신께서 우리에게 반드시 구원의 손을 내밀어줄 것입니다. 마음 넓은 이란 국왕께 허락을 받을 수 있도록 저도 최선을 다하겠습니다."

젊고 아름다운 연인 한 쌍이 서로 사랑을 맹세하는 사이에 어느새 하얀 띠 한 줄기가 동쪽 하늘에서 나타났다. 사랑이 싹트면 처음 만날 날을 기다리는 하룻밤은 1년보다도 길고, 헤어짐을 아쉬워하는 연인의 하룻밤은 눈 깜짝할 사이에 밝는 법이다.

사랑의 행방

질의 마음은 사싯하녀 무겁게 가라앉을 것 같았다. 사랑하는 아버지와 이란 국왕의 마음이 어떨지 손바닥을 들여다보듯이 뻔했기 때문이다.

그는 고민하고 또 고민하다가 결국 이 육중한 짐을 견뎌내지 못하고, 세상의 지혜에 정통하고 사람 마음을 깊이 꿰뚫어 보는 현자와 사제를 불러 모았다.

잘은 그들을 앞에 불러놓고 신중하게 하지만 용기를 내어 루다베 공주에 대한 자신의 마음을 털어놓았다.

하늘에 계신 신이 세상의 온갖 동물을 수컷과 암컷으로 만든 것은 자손을 낳아 세상에서 끝없이 번영하기를 바랐기 때문일 것이다. 그러니 만일 삼의 아들인 내가 좋은 반려자를 찾지 못하면 아버지께서 얼마나 심려하실까?

이에 청년 잘은 메라브왕의 딸 루다베의 둘둘 말린 아름다운 머리카락에 사로잡힌 괴로운 마음을 털어놓고, 어떻게 하면 좋겠냐고 물었다.

모두 머리를 숙인 채 아무도 대답하지 않았다. 이는 단순히 명문가 청년과 어느 왕국 공주의 사랑 문제가 아니었다. 국가와 국가 사이의 역사를 한참 거슬러 올라가는 증오의 감정과 관련되는 어려운 문제임을 모두 알았기 때문이었다. 죄 없는 순수한 두 영혼에게 '순환하는 천륜'이 눈독을 들인 것일까?

하지만 잘의 결심과 공주의 사랑이 바뀌지 않는다면 방법은 하나뿐, 즉 아버지와 국왕에게 젊은이의 한결같은 감정을 진술하게 털어놓는 것밖에 없었다.

"서둘러 편지를 보내 아버님과 국왕 폐하의 의견을 여쭙는 게 무엇보다 중요하다고 생각합니다. 자하크의 피를 이었다고는 하나 카불의 왕도 위대한 왕이니까요."

만일 운 좋게도 아버지 삼이 두 사람의 사랑을 인정해주면 아버지가 국왕께 말씀드리고 국왕의 마음을 풀어줄 것이 틀림없다.

잘은 바로 서기를 불러서 희미한 운명의 실에 매달리는 심정으로 진심을 담아서 글을 썼다.

그것은 세계를 창조한 신에 대한 찬사로 시작하여 아버지 삼으로 이어져 내려온 눈부신 혈통에 대한 자긍심을 유려한 문체로 표현한 것이었다. 그리고 잘은 아버지가 가문 우두머리의 자리에 있을 때 자식인 본인을 산에 내다 버린 것, 신령한 새 시무르그가 자신을 키워서 아버지에게 돌려준 것도 언급했다.

"아버님, 저는 아버지께서 하신 말씀을 기억합니다. 시무르그 둥지에서 당신에게로 돌아온 저에게 어떠한 소원이든 들어주겠다며 신에게 맹세한 자애로운 당신의 그 말을 저는 결코 잊지 않았습니다."

청년 잘은 메라브왕의 딸을 사랑하는 자신의 마음을 털어놓은 후 아버지로서 혼인에 농의해달라고 절절하게 호소했다.

"아버지로서, 남자로서, 신에게 맹세한 말을 어기지는 않으시겠죠?"

이렇게 끝맺고 편지를 아름답게 봉인했다. 그리고 젊은이의 뜨거운 마음을 담은 편지를 번개처럼 빠른 파발마로 아버지 삼에게 보냈다.

아들이 보낸 편지를 끝까지 읽은 삼은 창백한 얼굴로 깊은 한숨을 내쉬었다.

"먼 옛날 이란 국왕 페레이둔의 피를 이은 명문 나리만 가문의 내 아들과 페레이둔왕이 무찌른 뱀왕의 후예가 혼인을 한다니. 생각하는 것만으로도 무섭구나. 결국은 새의 손에 자란 아이. 소원이라는 게 이런 것이구나. 두 사람이 혼인하면 어떤 아이가 태어날지…."

하지만 잘의 편지에 적혀 있는 것처럼 과거에 한 약속을 지키지 않을 수는 없었다. 뭐라고 답장해야 할까…? 삼은 생각할 기력을 상실하여 마음이 어두운 장막 속에 갇혀버렸다.

인간의 지혜로는 대답할 수 없는 어려운 문제에는 점성술이 대답을 해주는 법이다.

삼은 점성술사를 불러서 길흉을 점쳤다. 그런데 예상 밖의 좋은 징조가 나타났다.

잘과 루다베는 누구보다 축복받는 부부가 될 것이다. 두 사람 사이에서 태어난 아이는 이란의 왕에게 온갖 행복을 가져다주는 영웅이 될 것이다.

삼은 점성술 운세로 불안의 그림자를 떨쳐내고, 타국 공주에게 연심을 품어 카불 국경에서 돌아오지 않는 아들에게 다음과 같이 편지를 보냈다.

"아버지는 네가 선택한 반려자를 진심으로 만족스럽게 여기는 것은 아니다. 하지만 네가 말한 것처럼 아버지가 신께 맹세했으니 국왕 폐하께 허락을 청해보마…."

편지에는 아버지의 사랑, 명문가 장군의 긍지, 인간적인 고뇌가
담겨 있었다.

공개된 비밀 ─────────────

한편, 메라브왕의 왕국에서 아버지에게도 어머니에게도 비밀을
털어놓지 못한 젊은 공주는 어떻게 되었을까?

세상을 아무것도 모르는 깨끗한 처녀가 사랑을 언제까지나 사람
들에게 비밀로 할 수 있을까?

눈치 빠른 여자가 한 명 있었다. 수다스럽고 착한 여자였다. 이
여자는 중요한 사실과 말하지 않아야 하는 사실을 숨기기 위해서
온종일이라도 떠들어댈 수 있었다. 그래서 그녀가 청년 잘과 공주
루다베 사이를 비밀리에 오가는 사자 역할을 맡았다. 그녀 덕분에
사랑의 씨실과 날실이 하루하루 아름답게 직조되었다.

그날도 아버지 삼이 절대적으로 반대하지는 않는다는 소식을 한
시라도 빨리 공주에게 전하려고 청년 잘은 이 여자를 왕궁으로 보
냈다.

루다베 공주의 기쁨은 그 무엇으로도 형용할 수 없었다. 상으로
아름다운 옷과 만시를 녀사에게 주고, 어떻게 해서라도 이 기쁨을
잘님에게 전하고 싶어서 사랑을 담은 말을 곁들여서 눈이 멀 듯이
번쩍이는 반지 하나를 여자에게 들려 보냈다.

뜻밖에 받은 상과 잘에게 전하라는 선물을 가지고 루다베의 방에서 나온 순간, 운 나쁘게도 왕비의 눈에 띄고 말았다.

왕비는 얼마 전부터 왕궁 복도와 정원, 바깥을 오가는 정체를 알 수 없는 이 여자를 추궁했다. 평소였다면 적당히 둘러댈 수 있었겠지만, 상으로 받은 반지를 이미 손가락에 끼고 있었기 때문에 침착하게 대처하기 힘들었다.

왕비가 마침내 딸 루다베의 비밀을 알아버렸다.

이것이 어찌 된 일인가? 왕비는 분노로 가슴이 욱신거렸다. 그녀는 흐트러진 모습으로 루다베를 찾아갔다.

"따님, 부끄러운 줄도 모르고 대체 무슨 짓을 한 것입니까? 나는 외동딸인 당신을 사랑하며 살고 있습니다. 당신이 원한 바를 내가 들어주지 않은 적이 있습니까? 그런데 내가 모르는 비밀이 있다니요! 자! 말하십시오. 저 여자는 누구입니까? 무슨 목적으로 당신을 찾아온 것입니까? 이 반지를 누구에게 주려는 것이지요? 당신은 이름난 왕가의 아름다운 공주입니다. 당신만큼 아름다운 마음을 은총으로 받은 공주는 없습니다. 그러한 명예를 자랑스럽게 생각하십시오. 어머니를 이렇게까지 슬프게 하는 일이 달리 또 있겠습니까?"

고개를 숙인 루다베 공주의 뺨 위로 눈물이 계속해서 흘렀다.

"아아! 고귀한 어머님, 말씀드리겠습니다. 제 마음은 백발 용사 잘님에게 사로잡혔습니다. 그분이 카불 땅에 오신 그날부터 잘님의 용맹한 모습과 깊은 애정이 저를 포로로 만들어버렸습니다. 그분 없이 저는 행복할 수 없습니다. 저는 그분의 인정을 받았고, 그분은 저를 평생의 반려자로 삼기를 원합니다. 우리는 굳은 맹세를 했습니다. 그분은 아버지 삼님께 사자를 보냈습니다. 이란 귀족 명문가의 우두머리인 삼님께서는 아들이 자하크의 피를 이어받은 아랍 딸을 사랑하는 것을 알고 무척 고뇌하셨습니다. 하지만 마침내 사랑을 허락해주셨다고 합니다. 이 여자가, 어머님께 붙잡힌 이 여자가 잘님이 보낸 희소식을 저에게 전해주었습니다. 이 여자가 지닌 반지는 제가 얼마나 기쁜지를 잘님에게 전하기 위해 맡긴 것입니다."

왕비는 의연한 딸의 말을 듣고 놀라서 한동안 그 자리에 가만히 서 있었지만, 이윽고 깊은 수심에 잠겼다.

백발 청년 용사 잘은 실로 나의 딸에게 어울리고, 집안도 심성도 훌륭하다. 하지만 이란 국왕 마누체르가 두 젊은이의 혼인을 허락할 리가 있겠는가. 이란과 아랍은 이 세상이 시작되었을 때부터 숙적이었지 않은가. 아랍 딸과 이란의 미래를 짊어질 젊은 무사, 두 사람의 사랑을 빌미로 이란 왕이 카불을 공격해오지 않으리라고 누가 장담하겠는가.

이윽고 왕비는 방 한 귀퉁이에서 무릎을 꿇고 있던 여자 심부름꾼에게 이렇게 명령했다.

"이 사실을 결코 누구에게도 말해서는 안 된다. 이 비밀을 냉속에 묻거라."

왕비는 딸의 꾹 다문 입과 자신을 가만히 응시하는 집념 어린 시선을 보니 딸의 가슴에 깃든 순진한 사랑의 불꽃이 얼마나 격렬한 지를 알 수 있었다. 하지만 아랍과 이란의 숙명적인 대립을 어떻게 해야 할까?

왕비는 슬픈 나머지 자기 방으로 뛰어와 그대로 몸져누웠다.

메라브왕은 몸을 떨며 일어나서 칼을 빼어 들었다.

"딸은 어디에 있느냐? 딸의 목을 치겠다!"

"잠시 기다려주십시오!"

왕비의 손을 뿌리치고 밤눈에도 서슬 퍼렇게 빛나는 검을 쥔 왕의 모습에서 누가 말려도 귀 기울이지 않을 강한 결의가 느껴졌다.

왕비는 그날 있었던 일을 여자 혼자만의 가슴에 숨겨두지 못하고 딸과 잘이 사랑하고 있다고 왕에게 털어놓았다. 하지만 왕비의 말이 끝나기도 전에 메라브왕의 분노가 폭발했다.

귀한 보배처럼 애지중지 키운 하나뿐인 딸!

세상에서 찾아보기 힘든 아름다움과 고귀함과 따뜻한 심성을 지녔다고 소문이 자자했고, 부모인 왕 자신도 그것을 인정했던 루다베 공주. 그런데 이것이 대체 무슨 일인가?

이는 청년 용사 한 명과 자기 딸의 사랑이라는 말로 끝날 문제가 아니었다. 이란 국왕이 이를 빌미로 카불을 공격해오면 딸은 물론이고 카불의 그 누구도 살아남을 수 없다. 메라브왕은 국가의 어두운 운명을 생각했다.

"아아! 딸이 태어났을 때 그 자리에서 바로 목을 쳤어야 했다. 내

딸이 일족의 수치, 일국의 재앙이 되다니!"

왕비는 왕의 발 앞에 엎드려서 왕의 마음을 조금이라도 누그러 뜨려 소중한 딸의 목숨을 살리려고 필사적으로 왕을 설득했다.

"마음 넓은 왕이시여, 부디 제 말을 들어주십시오. 이란 왕이 아랍과 아랍인을 사랑한다고 말하지는 않겠습니다. 하지만 과거를 살펴보면 이란의 페레이둔왕은 예멘 왕의 세 딸이 마음이 들어서 그녀들을 자신의 세 아들의 비로 맞이하지 않았습니까? 게다가 백발 잘은 마음이 넓은 용사라고 당신도 일전에 크게 칭찬하지 않았습니까?"

잘이 딸에게 더없이 좋은 신랑감이라는 것은 누구보다 왕이 잘 알았다. 하지만 그러면 그럴수록 이란 왕 마누체르가 미친 듯이 노할 것이 틀림없었다.

메라브왕은 좌우간 딸을 불러오라며 격분한 코끼리처럼 큰소리를 쳤다. 왕비는 메라브왕에게 딸을 죽이지는 않겠다는 약속을 받아낸 후 루다베 공주를 왕에게 데려왔다. 이미 자기 연인을 마음속으로 정한 딸은 부왕이 분노해도 두려워하지 않고 자랑스러운 듯이 고개를 쳐들고 아름다운 뺨과 검게 빛나는 눈동자를 똑바로 왕에게 향했다.

"너는 이성을 잃었느냐? 우리나라의 긍지를, 우리 왕국의 이름을 더럽힌 천박한 계집이로구나!"

하나뿐인 사랑하는 딸을 이렇게 경멸하는 부왕의 마음 또한 이를 데 없이 괴로웠을 것이다.

루다베는 부왕이 분노하여 퍼붓는 욕을 끝까지 듣고 그저 눈물을 뚝뚝 흘리며 사프란 꽃처럼 하얀 뺨을 하고 자신의 방으로 돌아갔다.

메라브왕은 카불의 왕이라고는 하나 당시 이란에 비하면 힘도 부도 몇분의 일에도 미치지 못했다. 어떻게 하면 이 국난을 타개할 수 있을까?

왕의 마음은 밤보다도 깊은 어둠에 잠겼다.

이란 왕의 책략

한편, 이란의 왕 마누체르의 귀에도 이미 두 연인의 이야기가 들어갔다. 왕은 제아무리 아름답고 자애로운 성품을 가졌다 해도 잔인한 뱀왕의 피를 이어받은 여성이 더러움 모르는 이란의 명문가, 하물며 장차 무장이 될 젊은이와 혼인하는 것을 허락할 수 없다고 생각했다.

뱀의 자손은 언젠가는 뱀이 될 것이다. 이번 일을 계기로 카불에 군대를 진군시켜 단숨에 카불의 메라브왕을 격파해버려야겠다고 마음먹었다.

이에 백발 잘의 아버지, 이란 유일의 무장 삼을 불러들였다.

삼이 결혼 허락을 구하는 아들 잘의 편지를 읽고 승낙한다는 답장을 사자를 통해 보낸 후였다. 하지만 이 사실을 언젠가는 이란 국왕에게 아뢰어야 한다. 결코 좋은 인연이라고는 할 수 없는 두 사람의 혼인 이야기를 듣고 국왕이 격노하지 않으면 좋겠다고 생각할 때마다 삼은 마음이 침통해졌다. 그러던 차에 국왕이 불러들인 것이다.

무장 삼이 옥좌 앞에서 인사를 올렸는데, 왕은 의외로 심기가 편안한지 삼을 자기 바로 옆에 앉히고 친근하게 이란 변경 땅의 상황이 어떠한지 물었다.

이란 북부 마잔다란(Mazandaran) 지방에는 아직 악귀들이 출몰했고, 때로는 이란의 용사보다도 용맹하게 마치 사자처럼 공격해왔다. 삼은 악귀 군대에 대항하기 위해 병사를 보내고 직접 선두에 서서 철퇴를 휘두르며 아군의 위세를 고무시켜 적을 쫓아냈다며 전투 상황을 보고했다.

이 지역에서는 이란 페레이둔왕의 세 왕자 중 하나, 나중에 국가에 등을 돌리고 반기를 든 배신자 살름의 자손들이 살았다.

"그들이 쳐들어오면 들도 산도 계곡도 순식간에 군병과 말, 깃발, 창, 검 때문에 보이지 않게 되고, 무엇보다도 우리 군대 무장들의 얼굴에서도 핏기가 사라질 정도입니다. 진두에 선 적군 대장은 뱀처럼 밧줄을 사용하고, 수레바퀴처럼 인도의 검을 휘두르고, 그 용맹한 모습이 마치 미쳐 날뛰는 코끼리와 같습니다. 하지만 저 삼은 이란 국왕의 녕예를 실추시키는 자가 아닙니다. 창으로 밧줄을 붙들어 제압하고 검을 쳐낸 후 대장의 허리끈을 꽉 움켜쥐고 땅에 처박았더니 제아무리 강인한 자라고는 하나 사지가 제각각으로 분리

되었습니다."

국왕은 삼의 무용담을 듣고 때로는 뺨을 붉히며 껄껄 웃고, 때로는 친근하게 무장의 어깨를 두드리며 기뻐했다. 술과 악사도 준비했고, 차례차례로 다른 무장들도 참여하여 축하연 자리가 북적북적 붐볐다. 적당한 때를 살펴서 잘과 루다베의 사랑 이야기를 아뢰려고 왕에게 다가가던 삼에게 마누체르왕이 엄숙한 표정으로 다음과 같이 말했다.

"이번에는 변경 적군들을 그대가 용감하게 싸워서 모조리 퇴치했다. 삼이여, 이제 남은 것은 카불뿐이다. 카불의 메라브왕은 이란에 재앙을 가져왔던 뱀왕의 자손. 지금 즉시 병사를 이끌고 그 땅으로 가서 뱀왕 자하크의 자손은 단 한 명도 남기지 말고 목을 쳐라. 여자라고 봐주지 말아라."

아주 단호한 명령이었다.

삼은 왕 앞에 엎드릴 수밖에 없었다.

삼은 묵묵히 전쟁하러 갈 채비를 하고, 군세를 정비하고, 카불로 향했다. 국경 근처에 아들 잘이 있을 것이다. 삼이 마음을 터놓고 이야기할 수 있는 사람은 친아들 잘뿐이었다.

아버지의 편지

카불은 용맹한 장군 삼이 이란의 대군을 이끌고 쳐들어올 것이라는 소식을 듣고 어쩔 줄을 몰랐다. 이미 온 나라 사람들은 불행의 근원이 공주와 잘의 사랑임을 알았다. 소문에 따르면 카불에 이런 재앙을 가져와 국민에게 어려움을 겪게 하는 공주와 왕비의 목숨을 메라브왕이 끊으려 했다거나 이란 왕에게 조공을 바쳐 분노를 누그러뜨리라고 진언한 신하가 있었다는 이야기가 떠돌았다. 이래서는 이란 대군 앞에서 카불은 잠시도 버티지 못할 것이다.

용맹한 장군 삼은 백발 아들 잘을 만나서 카불의 내정을 들었다. 잘의 말에서는 카불 국왕의 인품에 대한 경애, 카불이 불행을 겪게 된 것에 대한 애도, 그리고 무엇보다 공주에 대한 깊은 사랑이 엿보였다.

잘은 스스로 이란 왕 앞에 나아가 카불 공격 중지를 청하고, 카불의 공주 루다베를 아내로 맞이하는 것을 허락해달라고 청할 결심을 한 상태였다.

잘의 아버지 삼은 아들의 결심이 굳은 것을 보고 감동했다.

그는 왕국의 명예를 지키기 위해 평생을 바친 늙은 무장의 진심과 자식을 생각하는 아버지의 사랑을 아름다운 문장으로 편지 한 통에 담아서 이란 왕에게 보냈다.

"하인인 제가 120살이 된 지금까지 왕으로 추앙하고 있는 폐하, 영원히 신의 축복이 당신 위에 있기를 기원합니다.

오늘에 이르기까지 저는 당신의 위광 넉분에 절퇴를 휘둘러 이란 각지의 적군을 평정하고, 군대를 이끌고 변경의 악귀를 무찔렀습니다. 저만큼 훌륭한 기사, 저만큼 강한 자, 저만큼 용감한 자를 세상에서 찾는 것은 쉬운 일이 아닐 것입니다.

마잔다란의 악귀도, 카샤프강(Kashaf)의 공룡도, 저 이외에 누가 퇴치할 수 있겠습니까? 그런 마물이 있었다면 인간은 물론이고 들의 짐승도 하늘의 새도 살 수 없었을 것입니다.

그 무시무시한 드래곤과 싸우려고 출진했을 때 저희 일족들이 저에게 마지막 작별을 고했을 정도입니다. 지금도 저는 대지도 떨었던 그 무시무시한 울부짖음, 숲을 불태운 거대하고 끔찍한 입, 날카로운 발톱을 잊을 수 없습니다. 저는 신께 가호를 빌고 그 커다란 입속에 있는 시꺼먼 혀를 하얀 포플러나무 화살로 쏘아 꿰뚫었습니다.

왕이시여, 당신께서는 용의 입에서 흘러나온 맹독 때문에 제가 오랫동안 병상에 누워 있었던 것을 기억하십니까?

이 노인이 머릿속에 잊히지 않고 남아 있는 그 밖의 무시무시한 적군과의 전투를 여기에 다 쓰면, 왕이시여, 당신께서는 며칠 동안 저의 무용담을 읽으셔야 할 것입니다.

아아, 오랜 세월 동안 안장이 저의 옥좌이고 전쟁터가 저의 집이라고 믿어온 이란 명문 나리만 가문의 우두머리 삼은 자기 자신의 영지, 부, 명예를 생각했던 적이 없습니다.

왕이시여, 제가 여기에 무용담을 쓰는 것은 옛날에는 무장이었던 삼도 지금은 노화를 이기지 못하는 노인이라는 것을 알았기 때문이옵니다. 땅에서 하늘을 향해 쭉 뻗어 있던 몸도 허리가 굽었고, 머리는 장뇌처럼 하얗게 되었으며, 옛날에는 철퇴를 잘 휘둘렀던 팔도 이제는 힘이 없습니다.

왕이시여, 노인 삼은 용맹한 장군의 자리를 아들 잘에게 물려주려고 합니다. 저보다 아들 잘이 폐하 마음을 훨씬 더 흡족하게 할 것이고, 저보다 더 많은 승리를 폐하께 안겨드릴 것이고, 이란 왕국의 명성을 천하에 떨칠 것이 틀림없습니다.

이 편지를 들고 폐하를 찾아뵐 잘에게는 폐하께 아뢰고 싶은 소망이 있사옵니다.

이번에 폐하의 명령에 따라서 제가 카불로 군대를 진군시키려고 하자 잘이 다음과 같이 말했습니다.

'카불을 공격할 거라면 그 전에 저를 교수대에 올려주십시오.'

왕이시여, 당신께서도 이미 들으셨겠지만, 카불의 아름다운 사이프러스 나무라는 소문이 자자한 공주를 아들 잘이 미치도록 사랑하고 있습니다.

제 아들 잘은 저의 과오, 저의 죄로 말미암아 갓난아기였을 때 산에 버려져 새에게 길러졌습니다. 아아, 신이시여, 용서해주십시오!

아들은 유노노 요람도 모르고, 어머니의 사랑도 아버지의 자애도 받지 못하고 자랐습니다. 그런 청년이 자하크의 피를 이어받았다고는 하나 착하고 아름다운 여인을 사랑한다는 것을 알고 이 늙은 아버지가 기뻤다면, 왕이시여, 당신께서는 이를 국가에 대한 반역으로 보시겠습니까?

잘은 카불 공주에게 난생처음으로 사랑을 받으려 하고 있사옵니다.

저는 새에게 길러져 성인이 된 아들 잘을 집으로 데려오면서 '네 소원은 무엇이든 들어주겠다'라고 약속했습니다.

왕이시여, 제 아들은 사랑을 원하고 있습니다. 이 젊은 생명에게 당신의 넓은 마음이 가닿기를 바랍니다."

이란 국왕 마누체르는 환한 미소를 띠고 용사 삼의 백발 아들 잘에게 다음과 같이 말했다.

"젊은 영웅아, 그대는 나를 괴롭히러 왔구나. 노장 삼에게 더 이상 고통을 주는 짓은 그만하겠다. 그대는 한동안 왕궁에 머물라. 현자와 사제가 좋은 소식을 가져올 것이다."

천상과 지상의 모든 비의(秘儀)에 정통한 현자와 사제, 점성술사는 사흘간 '순환하는 천륜'의 움직임을 살펴보았다.

메라브왕의 딸과 삼의 아들이 혼인하면 사내가 한 명 태어날 것이다. 그는 사자의 마음과 코끼리의 힘을 가졌으며, 이란의 모든 적군을 무찌르는 용사가 될 것이다.

'순환하는 천륜'은 이란과 카불 양국 사이에 전쟁이 일어나기 직전에 맑은 물처럼 선명한 길조를 나타내 보였다.

하지만 현명한 왕은 또한 신중하지 않으면 안 된다. 이 호감 가는 청년 용사를 한 번 더 시험해봐야겠다고 생각하고 '순환하는 천륜'의 계시를 즉시 잘에게 말해주지 않고 그를 화려한 왕궁에 머무르게 했다.

지혜 문답

마누체르왕은 사건의 배후에 신이 숨겨둔 의미를 잘 파악하는 사제들을 불러 모으고 잘도 불렀다.

신에게 건전한 육체를 받은 청년에게 지혜는 어느 정도 깃들어 있는지, 사제들의 물음에 어떻게 대답할지를 옥좌에 앉은 왕과 그 앞에 늘어선 조정 대신들과 장군들이 숨을 죽이고 지켜보았다.

첫 번째 사제가 다음과 같이 입을 열었다.

"가지가 서른 개 달린 훌륭한 나무 열두 그루를 보았다. 나무는 무엇을 의미하는가?"

계속해서 두 번째 사제가 물었다.

"말 두 필을 보았다. 한 필은 눈처럼 희고, 다른 한 필은 타르처럼 검었다. 두 필은 원을 그리며 서로의 뒤를 계속 쫓았지만, 따라잡을 수 없었다. 이것은 무엇을 의미하는가?"

세 번째 사제가 물었다.

"청년이여, 내가 푸른 풀이 무성한 아름다운 초원을 보았다. 날카로운 낫을 든 남자가 나타나서 젖은 풀도 마른 풀도 벴다. 풀에게도 생명이 있지만, 눈물을 흘리든 한탄하든 상관도 하지 않았다. 대답해보라. 이것이 무슨 뜻인가?"

네 번째 사제가 계속해서 물었다.

"바다 위에 사이프러스 나무 두 그루가 자라나 있었다. 그 나무에 새 한 마리가 둥지를 틀었다. 그런데 새가 둥지를 튼 쪽은 가지와 잎사귀가 성성하게 우거져 있지만, 다른 한쪽은 말라 있었다.

이는 어째서인가?"

다섯 번째 사제가 물었다.

"아름다운 마을이 가시덤불투성이인 황무지 옆에 있었다. 사람들은 아름다운 마을은 생각하지 않고, 거친 가시덤불 들판에 집을 지었다. 어느 날 지진이 발생하여 가시덤불 들판에 세운 국가가 모조리 멸망해버렸다. 사람들은 그제야 아름다운 마을을 생각해냈다고 한다."

잘은 잠시 생각해보더니 마침내 다음과 같이 대답했다.

"먼저 첫 번째 물음에 답하겠습니다. 가지가 서른 개 달린 훌륭한 나무 열두 그루는 열두 달과 각각의 달에 포함된 30일입니다."

"두 번째 물음에 답하겠습니다. 흑백의 준마 두 마리는 밤과 낮입니다. 제아무리 열심히 쫓아도 상대를 따라잡을 수 없습니다."

"세 번째 물음에 답하겠습니다. 푸른 풀은 우리 인간이고, 낮은 시간입니다. 죽을 때가 되면 젊었든 늙었든 눈물을 흘리든 한탄하든 상관치 않고 가차 없이 베어집니다."

잘은 계속해서 네 번째 물음에 답했다.

"바다 위에 자란 사이프러스 나무에 둥지를 튼 새는 태양입니다. 그리고 사이프러스 나무 두 그루는 1년의 절반씩을 가리킵니다. 새가 둥지를 튼 쪽은 봄과 여름이라서 초목이 푸르게 우거져 있지만, 둥지를 틀지 않은 쪽은 가을과 겨울이라서 초목이 마른 것입니다."

"이제 마지막 물음에 답하겠습니다. 아름다운 마을이란 영원한 저택, 즉 저세상입니다. 가시덤불 들판이란 우리가 임시 숙소라고 부르는 현세를 가리킵니다. 이 세상에 머무는 동안 우리는 저세상을 생각지도 않습니다. 하지만 죽음은 마치 지진처럼 현세의 삶을 눈 깜짝할 사이에 파괴합니다. 그제야 아아, 저세상에 대해, 영원한 세상에 대해 생각해두었더라면 좋았겠다고 생각하지만 이미 때는 늦었습니다."

단순한 현상에 담긴 심오한 수수께끼를 잘이 차례차례로 명료한 말로 풀어 설명하자 사제도 그 자리에 모여 있던 사람들도 찬탄하여 마지않았다.

마누체르왕은 축하연을 열어서 청년의 지혜를 상찬했다.

이란 국왕은 계속해서 잘을 궁정에 머물게 했다. 이번에는 그토록 뛰어난 지혜를 지닌 젊은이의 무예 기술을 시험해보고 싶었기 때문이다.

"잘아, 그대의 오늘 하루를 나를 위해 할애해주지 않겠느냐? 내일은 천하의 영웅으로서 그대를 아버지에게 돌려보내주겠다."

왕은 여러 가지 비단 깃발을 매단 임시 좌석에서 잘에게 말했다.

그 자리에 모인 무장은 빛깔이 선명한 갑옷을 입고 투구를 손에 들고 왕 옆에 자리를 잡고 있었다. 창끝에서는 세로로 기다란 깃발이 펄럭이며 나부꼈고, 말은 소리 높여 울었으며, 병사들의 갑주 소리가 투기장에 널리 퍼졌다. 이날 도읍의 모든 사람이 아버지 삼의 기술을 뛰어넘을 젊은 백발 무사의 실력을 보려고 몰려들었다.

장막이 쳐진 곳에는 씩씩한 젊은 무사, 무시무시한 얼굴을 한 강한 자들이 활과 화살, 검과 방패, 장창, 철퇴, 올가미 등 저마다 솜씨에 자신이 있는 무기를 들고 대기했다.

그들은 하나같이 평소 갈고닦은 기술을 국왕 앞에서 선보일 생각에 들떠 있었다.

백발 잘은 말을 타고 활을 힘껏 당겼다. 표적은 투기장 한 모퉁이에 있는 유서 깊은 고목이었다. 화살은 그 옛날 아버지 삼이 드래곤을 퇴치했을 때 사용했던 것과 같은 하얀 포플러나무 화살이었다.

조준이 어긋나지 않아서 하얀 화살은 고목 줄기를 관통하고 살깃 하나 망가지지 않은 채 뒤편 담장에 꽂혔다.

창을 손에 든 무사 여러 명이 나타나자 잘은 활과 화살을 버리고 투창을 들었다. 말을 몰아 무사들을 얕보는 듯이 흐트러뜨리고 태세를 정비하는 그들을 겨냥하여 창을 던졌더니 창끝이 세 겹으로 만들어진 두꺼운 방패를 꿰뚫었다.

마누체르왕이 자리에서 일어나 늘어서 있는 무장들과 대기 중인 병사들에게 다음과 같이 말했는데, 입에서는 미소가 사라지지 않았다.

"저 젊은이와 싸울 자가 없느냐? 활로도 투창으로도 그를 당해낼 수 없다. 육탄전을 벌이는 것이 좋겠다."

비단 허리끈을 고쳐 매고 말에 올라탄 병사들이 잘을 포위했다. 하지만 신령한 새의 등에도 탔던 이 젊은 무사는 말을 다루는 능력도 뛰어나서 마치 말을 탄 기사와 말이 하나가 된 듯했다. 이에 반해 잘에게 대항하는 병사들은 인간 몇 명과 말 몇 필에 지나지 않았다.

잘은 상대 병사 중에서 가장 잘 싸울 것 같은 무사를 골라 그의 허리끈을 움켜쥐고 안장에서 공중으로 번쩍 들어 올렸다.

마누체르왕은 물론이고 투기장에 모인 온 나라 명장과 병사, 도읍의 모든 사람 입에서 탄성이 터져 나왔다.

잘은 셀 수 없을 정도로 많은 상찬품과 천하의 영웅이라는 명예, 그리고 무엇보다 카불 공주와 혼인해도 좋다는 허락을 받아서 아버지가 계신 곳으로 돌아갔다.

3. 로스탐 무용전

영웅 로스탐의 탄생 ───────────

백발 청년 잘은 이란 국왕과 아버지 삼에게 정식으로 결혼 허락을 받았다. 카불의 메라브왕도 크게 기뻐하며 딸 루다베를 위해 천국의 축하연 같았다고 전해 내려올 정도로 화려한 혼인식을 준비했다.

이윽고 '순환하는 천륜'은 아름다운 신부와 청년 잘에게 아이를 점지해주었다.

그런데 루다베는 나날이 안색이 창백해졌고, 죽을 정도로 격심한 고통을 느꼈다. 아직 젊은 잘은 걱정되어 어쩔 줄을 몰랐다. 어찌해야 하지? 그러자 과거에 신령한 새 시무르그에게 길러지다가 헤어질 때 커다란 깃털 한 장을 받은 것이 떠올랐다.

큰 깃털에서 작은 깃털 하나를 뽑아 불에 태우면 나를 고난으로부터 구해주기 위해 영묘한 새가 틀림없이 날아와줄 것이다.

잘은 깃털을 꺼내 작은 깃털 하나를 불 속으로 던졌다. 순간적으로 하늘이 어두워졌고 사람들이 경탄할 새도 없이 공중에서 커다란 구름이, 아니 구름 같은 새 한 마리가 내려와서 잘 앞에 내려앉았다. 시무르그였다. 신령한 새는 그리웠다는 듯이 잘을 바라보다가 이 젊은 영웅에게 이렇게 말했다.

"지금 네 아내에게서 태어나려는 아이는 평범한 아이가 아니다. 이 세상에 태어날 자 중에는 이 아이가 갖춘 것과 같은 뛰어난 힘과 용기와 지혜를 가진 자는 없을 것이다. 다만, 신의 은총으로 평범한 아이보다 오랫동안 어머니의 배 속에 머물지 않으면 안 된다. 따라서 사자와 같은 갓난아기를 꺼내려면 임신부의 옆구리를 찢는 것 외에는 방법이 없다. 하지만 걱정할 것 없다. 내가 어떻게 하면 되는지를 모두 가르쳐주마."

시무르그는 먼저 술로 루다베를 취하게 한 후 단검으로 옆구리를 찢어 갓난아기를 꺼내고 상처 부위를 봉합하는 방법을 잘에게 가르쳐주었다.

"약초와 사향(향료)을 섞어서 충분히 갠 연고를 바르고 그 위를 시무르그의 깃털로 쓰다듬으면 상처가 완전히 아물고, 산모는 잃었던 피를 되찾고 고통을 잊을 것이다. 비범한 아이를 점지받은 행운을 신께 감사드리거라."

그렇게 말하고 시무르그는 깃털 한 장을 잘의 손에 남기고 하늘 높이 날아올랐다.

잘은 지상에서 갖가지 경험을 하며 깊은 지식을 쌓은 늙은 사제를 부른 후 신령한 새가 알려준 바를 그에게 말했다. 노사제는 어떠한 실수도 할 리가 없다.

그렇다고 하더라도 시무르그의 깃털로 상처를 부드럽게 쓰다듬을 때마다 산모의 혈색이 돌아오는 것은 실로 신비로운 일이었다. 그리고 무엇보다 내어난 아이가 아주 훌륭했다! 아이는 이미 만 한 살인 것처럼 덩치가 큰 남자아이로, 날 때부터 왕과 같은 위엄을 풍겼다.

산모가 고통스러웠던 출산의 때를 떠올리며 "저는 이제야 겨우 편안(로스탐)해졌습니다"라고 중얼거려서 아이에게 로스탐이라는 이름을 붙였다. 로스탐을 본 카불 사람들은 점성술사가 양친이 결혼하기 전에 말한 예언을 떠올리며 위대한 아이가 탄생했음에 경탄했다. 로스탐의 조부 삼은 자기 영토 자불리스탄에 있었는데, 잘은 아이 얼굴을 아버지에게 꼭 보여드리고 싶었다.

비단 천으로 아이의 얼굴을 만들고 검은 표범 털을 채워 넣었다. 커다란 사자 새끼만 한 크기로 만들었다. 창과 철퇴를 손에 든 인형이 털이 밤색인 말 위에 앉아서 고삐를 잡고 있는 모습이 꼭 소년 기사 같았다.

한 무리의 시종을 거느린 이 인형이 카불 땅에서 저 먼 자불리스탄에 있는 조부에게 전해졌다.

"오오! 나를 꼭 빼닮았군."

삼은 인형 손자를 볼 때마다 미소를 지었다. 이 기쁨을 사람들과 나누고 싶어서 가난한 사람들에게 금과 은을 베풀고, 술잔을 늘어놓고 악사를 불러서 이레간 성대한 축하연을 열었다.

한편, 비단 인형 같은 로스탐은 어떻게 성장했을까? 그에게는 유모 열 명이 젖을 주었다고 전해지는데, 금세 젖을 떼고 빵과 고기를 먹었다. 식사도 어른 5인분을 가볍게 먹어 지웠기 때문에 순식간에 키가 사이프러스 나무만 해졌다.

태어날 때부터 백발이어서 산에 사는 신령한 새에게 양육된 아버지 잘은 자기 아이가 성장하는 모습을 보며 행운이 드디어 자기에게 찾아왔음을 깨달았다.

용맹한 장군 삼, 그의 아들 잘, 그리고 손자 로스탐과 나리만 일족은 영웅호걸의 혈통으로서 세상에서 그 이름을 모르는 사람이 없었다. 삼의 수많은 무훈을 알고, 어전 시합에서 보인 잘의 용감한 모습을 기억하는 사람들은 어린 로스탐이 이윽고 성인이 되어서 이란 국왕을 섬길 날을 즐거운 마음으로 기다렸다. 어떠한 악귀와 악령도, 두려운 변경의 적군도, 로스탐이 일격에 물리칠 것이다.

이란 사람들은 영웅 로스탐의 성장을 진심으로 기뻐하며 로스탐을 자주 화제로 삼았다.

일곱 난관을 극복한 로스탐 ————

이란 왕조는 무장 잘이 섬긴 마누체르왕의 피시다디(Pishdadi) 왕조 이후로 몇 대의 왕이 왕좌에 올라서 시대는 카야니(Kayani) 왕조가 되었다.

그동안에도 천공에 떠오른 태양처럼 로스탐의 무용담이 세상에 퍼져나갔는데, 좌우간 이 호걸은 작은 산처럼 몸이 거대했기 때문에 무게를 감당할 수 있는 말이 잘 없었다. 로스탐이 한쪽 손을 올려놓는 것만으로도 말이 하나같이 등이 굽었다.

하지만 하늘의 은총일까? 드디어 망아지 한 마리를 찾았다. 아직 망아지임에도 사자처럼 용맹했고 온몸에 반점이 있었다. 반점은 재스민과 같은 흰색에 장미 꽃잎을 흩뿌려놓은 것처럼 보였다. 눈은 흑석처럼 날카롭고, 암흑 속에서도 2파르상(farsang, 1파르상은 약 6km) 밖에 있는 검은 옷 위를 기어가는 개미도 분간할 수 있고, 등은 낙타처럼 강인해 로스탐이 올라타도 꿈쩍도 하지 않았다.

라흐시(Rakhsh)라는 이름의 장미색 망아지는 용사 로스탐을 태우고 갖가지 원정과 모험을 함께 다녀 주인의 용맹한 이름을 천하에 떨치는 동시에 또한 명마의 명예를 드높였다.

어느 때 이란 왕국에 검은 구름이 피어올라서 국왕 카부스(Kavus)가 로스탐에게 도움을 요청하려고 보낸 사자가 무장 잘을 찾아왔다. 잘은 아들을 불렀다.

"나리만 가문의 자랑인 내 아들 로스탐아, 이란 국왕이 마잔다란(이란 북부 땅)의 악귀에게 붙잡혔다. 너는 즉시 그곳으로 달려가서 왕을 구해드리거라. 단, 마잔다란으로 가는 길은 두 개가 있다. 하나는 안전하지만 멀고, 다른 하나는 가깝지만 몹시 위험하다. 세상 사람들은 이를 일곱 개의 나쁜 길이라고 부른다."

로스탐은 당연하다는 듯이 대답했다.

"아버님, 설령 위험으로 가득한 길이라고 해도 저는 가까운 길을 고르겠습니다."

로스탐은 준마 라흐시에 안장을 얹었다. 그는 수행원을 거느리고 가지 않았다. '일곱 개의 나쁜 길 돌파'는 인생으로 떠나는 그의 여행이었다. 우리는 인생을 향해 오직 홀로 여행을 떠나지 않으면 안 된다.

　로스탐은 이틀 걸릴 거리를 하루 만에 주파하며 밤낮을 가리지 않고 라흐시를 몰았다. 그리하여 사나운 사자가 사는 들판에 도착했다.

　사자가 살아가기 위해서는 먹잇감이 될 어리석은 동물이 필요하다. 낮에는 야생 당나귀가 그야말로 평화롭게 풀을 뜯으며 무리 지어 있었다. 로스탐은 올가미로 당나귀를 잡고, 나무를 쪼개 장작을 만들어 노숙할 준비를 했다. 그는 당나귀 구이로 배를 채우고 샘물로 목을 축인 후 나무 그늘에 들어가서 한동안 잠을 잤다.

　애마 라흐시는 안장과 재갈을 풀고 초원을 한바탕 달리고 나서 주인 머리맡에서 마찬가지로 꾸벅꾸벅 졸았다.

　이미 당나귀 구이 냄새가 사자의 식욕을 자극하고 있었다. 그는 덤불 사이에서 잠든 인간과 말의 존재를 파악하고 먼저 말에게 달려들었다.

　라흐시는 망아지였을 때부터 이미 사자의 힘을 가지고 있었다. 라흐시는 작은 산만 한 로스탐을 태우고 밤낮을 가리지 않고 달릴 수 있다. 라흐시가 눈을 뜨자마자 앞다리를 높이 쳐들어 사자의 머리를 걷어차자 사자의 머리가 박살났다.

　로스탐은 잠에서 깨어나 이 광경을 보고 다정하게 라흐시에게 말했다.

　"이런! 사자와 싸워도 된다고 누가 말했느냐? 만일 운이 나빠서 네가 죽으면 나는 어떻게 무거운 무기를 들고 마잔다란까지 가느냐? 앞으로는 나를 깨우거라."

로스탐이 다시 잠들었다. 아버지가 말씀하신 대로 앞으로 여러 위험과 마주하게 되겠구나 하고 각오하면서….

다음으로 로스탐이 지나갈 길은 살아 있는 것이라고는 동물도 식물도 아무것도 찾아볼 수 없는 뜨겁고 건조한 사막이었다.

명마 라흐시도 뜨겁게 작열하는 태양에 지쳐 더는 한 걸음도 걷지 못했다. 로스탐은 말에서 내려 내쉬는 숨결에조차 뜨거운 열기가 담긴 호흡을 끊어질 듯이 헐떡이다가 결국 사막 한복판에서 쓰러졌다. 아아, 용사 로스탐도 인생의 두 번째 난관을 넘기지 못하고 죽는 것인가? 그의 뇌리에 짧은 인생을 살면서 지금까지 겪은 일들이 떠올랐다.

그때 암양 한 마리가 로스탐 근처를 지나갔다. 이 양은 어디로 가는 것일까? 그래. 틀림없이 이 근처에 물이 있는 것이 틀림없다. 로스탐은 기다시피 했고, 그 뒤를 라흐시도 간신히 따랐다.

오오, 빛나는 샘! 생명의 물이었다.

로스탐은 하늘에 계신 신에게 기도를 올리고 마음껏 목을 축였다. 그리고 라흐시의 몸도 씻겨주었다. 문득 정신을 차리고 보니 거기에는 암양이 없었다. 주변에 양의 발자국도 없었다.

로스탐은 양을 보내주신 신에게 감사하고, 그날 밤은 샘 근처에서 잠을 청했다.

첫 번째와 두 번째 '난관'에서 우리는 로스탐의 실력을 살펴볼 수 없었다. 앞의 두 난관은 로스탐의 인품과 덕성으로 타개할 수 있었다. 하지만 세 번째 난관이 그를 기다리고 있었다.

라흐시는 현명하고 주인에게 충직한 말이다. 로스탐이 자는 동안 머리맡에 서서 주인을 지켜보았다.

갑자기 라흐시 앞에 드래곤이 입으로 불을 뿜으며 나타났다. 라흐시는 주인의 베개를 발로 차고 날카로운 소리로 울었다. 눈을 뜬 로스탐은 검을 들고 공격 태세를 갖추었지만, 드래곤은 이미 어둠 속으로 몸을 숨겨버렸기 때문에 로스탐 눈에는 아무것도 보이지 않았다.

"라흐시, 지친 나를 깨우면 안 된다. 이런 못된 짓을 하면 네 목을 치겠다."

로스탐은 방패를 베개 삼아서 다시 잠들었다.

다시 무섭게 포효하며 드래곤이 샘으로 다가왔다.

라흐시는 얼마간은 주인을 깨우려고 하지 않았다. 현명한 말은 조금 전에 수면을 방해받아서 주인이 화낸 것을 기억하고 있었다. 하지만 이제는 일각도 지체할 수 없었다. 다그닥 다그닥 소리가 나게 말굽으로 땅을 차며 천둥처럼 울부짖었다.

라흐시 자식이 또 주인의 명령을 따르지 않는군! 로스탐은 눈을 떴고, 억 소리 한 번 지를 사이노 없이 어둠 속에 있는 부시부시한 드래곤의 모습을 포착했다.

드래곤은 무섭게 으르렁거렸다.

"너는 누구냐? 이름을 대라. 내 발톱을 피한 자는 아무도 없다!"

"나는 이란의 무장 삼 나리만의 손자, 영웅 잘의 아들, 로스탐이다. 나의 일격을 받아라!"

그 옛날 삼이 무찌른 드래곤의 자손은 분노하여 땅이 울리도록 으르렁거리며 로스탐에게 덤벼들었다.

라흐시는 위험으로부터 주인을 구하려고 말발굽을 이용했고, 날카롭게 울었으며, 튼튼한 이빨로 드래곤의 꼬리를 물었다. 드래곤은 순간적으로 주춤거렸다. 로스탐은 한칼에 목을 내리쳤다.

드래곤의 몸에서 흘러나온 검은 피가 범람한 강처럼 일대를 흠뻑 적셔서 한동안은 하늘도 땅도 보이지 않았다.

로스탐은 이리하여 세 번째 위기를 모면했다.

로스탐은 자기 몸과 라흐시 몸에 쏟아진 드래곤의 검은 피를 샘물로 씻고 출발했다. 지금까지 세 난관을 넘긴 로스탐은 방심하지 않고 주변을 두루 살피며 앞으로 나아갔다. 사람 일생에 '순환하는 천륜'은 어떠한 덫을 놓을까?

이윽고 로스탐과 애마 라흐시는 푸른 나무가 우거지고 색색깔의 화초가 핀 동산을 지나게 되었다. 그곳에는 꿩의 눈처럼 여러 가지 색으로 바뀌는 아름다운 샘이 있었다. 그리고 어린 양고기구이가 담긴 큰 접시에는 향기로운 약초와 식욕을 자극하는 향기를 풍기는 바질(향료용 풀)이 곁들여져 있고, 그 옆에는 신선한 과일과 달콤한 술, 황금 술잔, 그리고 악기까지 마련되어 있었다.

로스탐은 라흐시의 등에서 내려와 먼저 그를 자유롭게 풀어주고, 그곳에 마련된 음식으로 다가가 술잔 가득 술을 따랐다. 아버지 곁을 떠난 이후로 맛본 적 없는 붉은 액체에서는 몸과 마음이 편안해지는 향기가 피어올랐다.

그는 비파를 집어 들고 몽롱하게 취한 것처럼 악기 소리에 맞추어 시를 읊었다.

"마음으로 불안을 느끼며
나는 어디로 가는가?
오늘은 악귀를 만나고
내일은 드래곤을 만날 테지.
아아, 싸울 때만이
내 마음이 쉴 수 있는 때인가?
아아, 신이시여.
행운을 내려주십시오.
진홍색 장미꽃이 피는 동산의
향기롭고 맛 좋은 술을
저에게 주십시오."

서물어가는 태양이 끝없이 펼쳐진 조원을 묽은빛 속에 떠오르게 만들었다. 이윽고 밤이 되면 늦은 달이 떠오를 때까지는 장작불만이 오아시스에서 쉬는 로스탐과 애마를 지켜주는 빛이 될 것이다.

대낮의 더위가 순식간에 가시고, 조용히 부는 바람에 풀잎이 나부꼈다. 로스탐의 노랫소리가 광야로 퍼져나갔다.

그러자 젊은 용사의 노랫소리와 비파의 선율에 이끌렸는지 샘물의 정령인가 싶은 아리따운 처녀가 나타났다. 그 아름다움에 라흐시는 울부짖었고 거친 숨을 내쉬며 뛰어올랐다. 로스탐은 무례한 짓이라며 라흐시를 꾸짖고, 샘물 옆에 있는 나무에 고삐를 걸고 자리로 돌아와서, 오아시스에서 열린 작은 연회에 처녀를 초대했다.

향기로운 술과 미녀는 오아시스에서 보내는 하룻밤을 즐겁게 해줄 것이다!

태양은 순식간에 지평선으로 가라앉았고, 밤의 어둠은 무시무시한 속도로 지상에 퍼져나갔다. 장작불은 두 젊은 남녀가 앉아 있는 곳을 밝혀주었고, 흔들리는 불꽃은 술잔에 가득한 술에 비쳤으며, 술은 로스탐의 마음을 뜨겁게 만들었고, 로스탐의 시선은 처녀의 뺨을 빛나게 했다. 용사는 술잔을 높이 들어 올리고 이러한 술자리를 준비해준 신에게 기도를 올렸다.

그가 '청정한 신'의 이름을 부르자 처녀의 아름다운 얼굴에 갑자기 어두운 그림자가 드리웠다.

"수상한 것! 신을 두려워하는 너는 정체가 무엇이냐?!"

로스탐은 하늘을 향해 받쳐 들던 술잔을 그자의 일굴에 던졌다. 상대방은 재빨리 일어섰다. 이란의 용사 로스탐이 던진 술잔을 피하다니!

로스탐이 올가미를 던졌다. 줄이 뱀처럼 처녀의 목을 휘감자 요정처럼 아름다웠던 얼굴이 순식간에 무서운 노파의 얼굴로 바뀌었다. 로스탐이 지나갈 길목에서 그를 기다리던 마녀를 영웅의 검이 두 동강 냈다.

황야를 여행하는 사람에게 오아시스는 낙원이다. 낙원에 맛 좋은 술과 미녀가 더해지면 여행의 고단함까지도 잊을 수 있다. 하지만 이란 왕을 구하러 가는 용사에게 그런 즐거움이 있을 리 없다.

화를 면한 로스탐은 마음을 더욱 단단히 먹고 길을 나섰다.

그다음에 로스탐이 들어간 곳은 암흑세계였다. 태양은 물론이고 달빛도 별빛도 보이지 않는, 타르를 쏟아부어놓은 것 같은 암흑세계였다. 로스탐은 현명한 라흐시에게 운을 맡기고, 마음속으로 신의 가호를 비는 것 외에는 달리 할 수 있는 것이 없었다.

앞쪽에서 밝은 빛이 보이기 시작했고, 그들은 푸르른 밭으로 나왔다. 로스탐은 풀밭에 라흐시를 풀어주고, 호랑이 모피로 된 가슴 보호대와 투구를 벗었다. 태양은 아름답게 빛나고 있었다. 암흑세세를 빠져나오자 긴장이 한 번에 풀렸다. 그들은 순식간에 수마에 사로잡혀 그 자리에서 쓰러지듯이 잠들었다.

"이런 악마가 다 있나! 남의 밭에 말을 풀어놓다니!"

눈을 뜨니 남자 한 명이 낙내기를 번쩍 치켜들고 있었다. 로스탐은 일어나자마자 그 남자의 양쪽 귀를 잡고 들어 올렸다. 귀는 찢어졌고, 불행한 귀 없는 남자는 마을로 서둘러 돌아갔다.

그 남자의 소식을 듣고 그 지방의 호족이 찾아왔다. 호족이라고는 하나 그는 아직 젊은 기사였다. 로스탐이 말했다.

"세상을 모르는 젊은 분이여, 내가 누구인지 모르시는 모양이군. 거대한 코끼리라는 별명을 가진 내가 이 검을 한번 휘두르면 당신 어머님은 물론이고 수행인의 어머니들도 모두 슬픈 검은 옷을 입게 될 것이다."

"밭을 망쳐놓은 것에 대해 사과도 하지 않고 이렇게 큰소리나 치는 무례한 놈!"

젊은 기사가 이렇게 말하고 검을 뽑기 전에 로스탐이 던진 올가미가 날아와서 그는 옴짝달싹할 수 없게 되었다.

로스탐은 처음부터 젊은이의 생명을 빼앗을 생각이 없었다. 이란의 카부스왕이 붙잡혀 있는 마잔다란 성까지, 이 낯선 땅을 이 청년에게 안내시킬 생각이었다.

젊은 기사의 설명에 따르면 이란 왕은 여기에서부터 100파르상(1파르상은 약 6km) 떨어진 곳에 사는 검은 악귀에게 붙잡혀 있고, 거기에서부터 100파르상 더 떨어진 곳에 악귀의 우두머리인 백귀가 사는 땅이 있다고 했다. 또 험준한 산골짜기에 무시무시한 성이 세워져 있고, 성은 1만 2,000마리의 악귀가 지키고 있다고 했다.

"당신은 세상의 영웅이라고 불리는 분이지만, 이 세상의 끝에 사는 백귀를 보면 당신이 지닌 용맹한 마음도 틀림없이 기가 꺾일 것입니다. 산조차 그의 모습을 보면 벌벌 떤다고 할 정도니까요."

로스탐의 호탕한 웃음이 청년 기사의 걱정을 날려버렸다. 그는 애마 라흐시에 안장을 얹고, 이 땅에서 붙잡은 젊은 기사에게 말했다.

"고난에 처하기 전까지는 고난을 생각하지 않는 편이 좋아. 아무튼 안내해다오."

사실, 이번에 겪은 고난으로 로스탐은 길 안내자 한 명을 얻은 것이었다.

몇 번이나 해가 가라앉아 암흑의 밤이 되었고, 그리고 몇 번이나 낮이 밝아 작열하는 태양이 지평선 위로 떠올랐다. 로스탐과 젊은 기사는 목적지인 마잔다란 지방에 도착했다. 황야를 어둠이 감싸고 있었다. 어둠 속에서 여러 개의 작은 눈처럼 장작불이 불타고 있었다. 황야는 어디까지나 한없이 펼쳐져 있는 것 같았다. 사물의 형태라고는 인가도 나무도 아무것도 보이지 않았고, 다만 가장 멀리 있는 장작불 저 너머로 인간의 손으로 만든 것 같지 않은 검은 그림자, 즉 검은 악귀의 성이 보였다. 이란 왕 카부스가 섣불리 병사를 진군시켰다가 붙잡혀 있는 성이었다. 어디에서 들려오는 것인지 알 수 없는 짐승의 울음소리 같은 낮은 울림이 근방 일대의 대기를 진동시켰다.

로스탐은 여섯 번째 모험을 앞두고 오랜 여행의 피로를 풀기 위해 한숨 잤다. 그리고 눈을 떠서 호랑이 가죽으로 된 가슴 보호대를 착용하고 올가미와 검이 있는지 확인했다. 이윽고 천하에 이름을 떨칠 젊은 영웅의 첫 번째 공로가 될 이란 왕을 구출할 때가 되었다. 가슴 보호대 안에서는 이미 악귀의 우두머리 아르장(Arzang)과 승부를 겨룰 생각에 용기가 흘러넘치고 있었다.

안내 기사를 남겨두고 로스탐은 홀로 애마 라흐시를 몰았다. 라흐시의 발굽이 셀 수 없이 많은 장작불을 발로 차며 앞으로 나아갔다. 순식간에 성 앞에 도착한 로스탐이 대지가 진동할 정도로 우렁찬 목소리로 자기 이름을 밝히자 뿔이 두 개 난 악귀 아르장이 성에서 뛰쳐나왔다. 이란의 용사는 즉시 악귀의 뿔을 손으로 쥐고 아르장을 넘어뜨린 후 머리를 잘라냈다. 그러고는 그것을 몰려드는 악귀들을 향해 던졌다.

대장의 머리가 이처럼 맥없이 잘렸으니 부하 악귀들은 도망치는 것 외에는 다른 방도가 없었다. 로스탐은 성안으로 들어가서 왕과 왕을 따르는 이란의 무장, 병사들을 구출했다. 이토록 많은 군대와 왕을 제압한 악귀를 로스탐 혼자서 무찌른 것이다. 카부스왕은 자기 자식처럼 로스탐을 끌어안았다.

하지만 로스탐의 전쟁은 이것으로 끝난 것이 아니었다. 마지막으로 남은 일곱 번째 고난, 백귀 퇴치가 남았다. 왜냐하면 감옥에 갇혀 있는 동안 카부스왕은 빛을 보지 못해 건강이 나빠지고 시력을 잃었다. 예전처럼 건강해지려면 백귀의 뇌와 피 세 방울을 먹어야 하며, 그 외에는 어떤 약도 도움이 되지 않는다는 말을 들었기 때문이었다.

왕은 신들에게 기도를 올렸다. 왕의 눈에 다시금 빛이 깃들게 하려고 일곱 개의 험준한 산을 넘어서 무시무시한 백귀와 싸우러 가는 젊은 무사에게 은총을 내려달라고 기도했다.

    카부스왕이 원하는 것을 손에 넣기 위해 영웅 로스탐은 비단 허리끈을 묶고 자기 집안에 대대로 내려오는 철퇴를 들고 애마에 올라탔다. 애마 라흐시는 질풍처럼 흙먼지를 일으키며 계속 달려서 백귀가 사는 일곱 개 산의 기슭에 도착했다.

    산 앞에서 그를 따르는 청년 기사가 다음과 같이 말했다.

    "잠시만 기다리십시오. 태양이 떠오르면 악귀들은 잠이 듭니다. 적당한 때를 가늠하여 싸우는 것이 가장 좋은 방법입니다."

    로스탐은 태양이 떠오르기를 기다렸다가 쳐들어갔다.

    백귀의 성은 어둡고 깊은 동굴이었다. 동굴 내부는 대낮에도 암흑이 지배하는 세계라서 마물의 모습이 보이지 않았다. 로스탐은 잠시 눈을 감았다. 이윽고 어둠이 익숙해진 눈을 떴는데, 이것이 어찌 된 일인가? 동굴의 어둠이라고 여겼던 것이 마물이었다. 작은 산과 같은 몸은 새까맣고, 오직 사자의 갈기와 같은 머리카락만이 눈처럼 하얬다. 마물은 동굴에 가득 찬 상태로 누워서 자고 있었다.

    설령 백귀라고 해도 잠든 상대를 공격하는 것은 영웅의 이름을 더럽히는 짓이다. 로스탐은 동굴이 쩌렁쩌렁 울릴 정도로 큰 소리로 자기 이름을 밝혔다. 백귀가 눈을 떠 비명을 지르자 바위가 무너져 내리고, 바위 사이로 떨어지던 물이 작은 시냇물처럼 흘러내려서 용감한 로스탐도 두려움을 느끼지 않을 수 없었다.

하지만 검을 쥐자 강철의 무게감이 그의 마음을 차분하게 만들어주었다. 어둠 속에서 로스탐의 검이 빛났고, 마물의 한쪽 팔과 한쪽 다리가 떨어져나갔다. 백귀는 타격을 입었음에도 겁먹지 않고 로스탐에게 덤벼들었다. 인간과 마물의 육체가 상처를 입어서 양쪽의 피가 동굴 밖으로 흘러나왔다.

"이 전투에서 이기면 나는 영원히 살 것이다."

로스탐은 마음속으로 이렇게 외쳤다. 백귀는 한쪽 팔과 한쪽 다리가 떨어져나간 상처에서 많은 피가 흘러나와서 조금씩 약해지고 있었다. 그나저나 전투가 시작되고 시간이 얼마나 흘렀을까? 그들이 흘린 피와 땀으로 파악할 수밖에 없다.

로스탐은 마지막 남은 힘을 담아서 신에게 기도했다. 기도는 힘이 되어서 돌아왔다. 그는 검을 버리고 백귀에게 달려들어 바위 같은 백귀의 몸을 들어 올려 동굴의 암벽에 내던지고 검으로 숨통을 끊었다.

동굴은 암흑으로 이루어진 백귀의 몸으로 가득 찼고, 시체에서 강물처럼 흘러나오는 피 소리가 암흑 속에서 들렸다. 그 소리를 듣다가 자신의 숨소리가 거침을 깨닫고 로스탐은 처음으로 공포를 느꼈다.

"내 눈이 빛을 되찾으려면 백귀의 뇌와 피 세 방울이 필요하네."

카부스왕이 했던 말이 기억 속에서 떠올랐다. 로스탐은 떨리는 손으로 백귀의 머리를 열어 뇌를 꺼내고 무시무시한 상처에서 뿜어져 나오는 피를 담아서 동굴 밖으로 도망쳐 나왔다.

4. 아버지와 아들의 전투

소년 소랍(Sohrab)의 혈통 ─────────

우리는 제4장에서 페레이둔왕의 세 아들 살름, 투르, 이라즈의 이야기를 읽었다. 두 형, 살름과 투르가 이란 왕국을 계승한 이라즈를 질투하여 죽인 이야기였다.

이란의 동북부에 위치하는 투란은 투르의 피를 이어받은 왕이 대대로 통치하는 곳이다. 질투와 선망 때문에 그러한 사건이 일어난 후 서로 이웃한 이란과 투란 사이에는 미움이 생겨났다. 양국 모두 상대의 세력이 약해지면 상대의 수도로 쳐들어가려고 기회를 엿보는 상태가 계속 이어졌다.

한편, 투란에는 사만간(Samangan)이라는 속국이 있었다. 이곳도 이란의 동북부에 위치하는데, 매년 투란에 조공을 바치면서 이란과 투란의 두 대국 사이에서 살아가는 소국이었다. 사만간은 비록 소국이었지만, 사람들은 자기 나라에 자긍심을 가지고 있었고 여성이 아름다운 것으로 유명했다.

이란의 젊은 무사 로스탐이 일곱 개의 고난을 극복하고 카부스왕을 구출한 후 왕의 눈에 다시 빛을 되찾아준 이야기를 앞서 살펴보았다.

하지만 그러한 무훈도 수없이 많은 로스탐의 공적 가운데 첫 번째 공적에 지나지 않았다. 그는 그 후로도 쉴 틈 없이 전쟁과 모험에 뛰어들어 이제 명실상부한 이란의 영웅이라고 할 법한 풍모를 갖추었고, 안정적이고 차분한 연배가 되었다.

그러던 어느 날 사냥하는 들판에서 로스탐이 쉬다가 깜빡 잠이 든 사이에 투란인으로 추정되는 병사들이 애마 라흐시를 붙들어 사만간과의 경계를 넘어서 끌고 갔다. 로스탐도 말의 뒤를 따라서 국경을 넘었다. 설령 애마 라흐시 없이 땅 위를 걷더라도 로스탐의 위용은 모두의 눈에 띄었다. 사만간 왕은 그를 궁정으로 맞이하여 며칠 동안 즐거운 연회를 열어 영웅을 대접한 후 라흐시에 올라탄 로스탐을 이란과의 국경까지 배웅했다.

그로부터 다시금 10여 년의 세월이 흘렀고, '순환하는 천륜'은 이란과 투란과 사만간 사이에 덫을 하나 놓았다.

사만간 왕에게는 아름다운 공주가 한 명 있었다. 궁정에는 공주의 남편이라고 할 수 있는 자가 없었지만, 그녀에게는 소랍이라는 이름을 가진 아들이 하나 있었다. 소랍은 태어난 지 한 달 만에 만 한 살짜리 아이만큼 성장했고, 세 살에 무기를 손에 들었으며, 다섯 살에 사자처럼 용맹하고 과감한 마음을 지녔다. 열 살이 되자 같은 나이대 아이는 물론이고 그보다 나이가 많은 자도 그와 힘을 겨룰 수 없을 정도가 되었다.

그런 소랍이 어느 날 궁전으로 뛰어 들어와서 어머니인 공주 앞에 앉았다.

"어머님, 부디 사실대로 말씀해주십시오. 저는 친구들 누구보다도 몸이 크고, 힘이 세고, 무기도 잘 다룹니다. 하지만 친구들이 아버지 이름을 물어도 저는 대답할 수 없습니다. 어머님, 제 아버님은 누구십니까?"

소랍은 겨우 열 살이 되었을 뿐이다. 몸은 크더라도 아직 어린애라는 생각으로 지금까지 자세한 사정을 알려주지 않았던 어머니는 그의 눈을 정면에서 똑바로 바라보며 다음과 같이 말했다.

"아드님, 잘 들으십시오. 당신은 이란의 명문 나리만 가문의 영웅 로스탐의 아들입니다. 로스탐이라고 하면 조부가 삼이고 아버지가 잘인 대대로 영웅으로 유명한 집안이지요. 당신 몸이 누구보다 크고, 힘이 강하고, 무기를 잘 다루는 것은 로스탐의 혈통을 이어받은 덕분입니다. 하지만 소랍, 조급한 마음에 경솔하게 굴어서는 안 됩니다. 우리나라 사만간은 투란에 속한 소국이고, 투란은 당신 아버님의 나라 이란의 숙적입니다. 만일 투란의 왕이 당신의 출생 비밀을 알면 이란 영웅의 자식인 당신을 결코 살려두지 않을 것입니다. 지금까지 아버님 성함을 당신에게 알려주지 않은 것은 그 때문입니다."

현명한 어머니는 작은 상자에서 아름다운 루비 세 알을 꺼내서 소랍 앞에 내려놓았다. 보석 세 알은 소년 소랍의 출생 비밀을 말해주는 것처럼 태양 빛이 반사되어 붉게 빛났다.

"네가 태어나기 1년 전, 이란과 투란의 관계가 지금처럼 나빠졌을 때 일입니다. 이란의 영웅 로스탐이 국경을 넘어서…."

어머니가 들려주는 이야기를 소랍은 눈을 반짝이며 들었다. 로스탐은 사만간의 공주를 사랑하여 두 사람은 사제의 축복을 받으며 결혼했다.

하지만 투란의 속국인 사만간에 이란의 이름난 장수 로스탐이 언제까지나 머무를 수는 없었다. 로스탐은 이란으로 돌아갔다.

헤어질 때 남편 로스탐이 남기고 간 말을 어머니는 소랍에게 전했다.

"만일 여자아이가 태어나면 이 홍옥으로 머리 장식을 만들어주시오. 그리고 만일 남자아이가 태어나면 팔찌를 만들어주시오. 불행하게도 나는 태어날 아이가 누구일지 알 수 없지만, 집안에 대대로 내려오는 이 홍옥을 보고 로스탐 가문 사람임을 알아볼 수 있을 것이오."

소년 소랍이 소리쳤다.

"어머님, 이토록 명예로운 일을 어찌 숨겨둘 수 있겠습니까? 로스탐이라고 하면 세상에서 모르는 사람이 없습니다. 하얀 코끼리와의 전투, 일곱 개의 고난, 투란과의 싸움, 그 밖에 셀 수 없이 많은 무용담을 들으며 제 친구들은 흥분하곤 합니다. 그리고 명마 라흐시 이야기도! 아아, 이토록 기쁜 이야기를 어떻게 숨겨둘 수 있겠습니까? 어머님, 저는 지금부터 병사를 모아서 이란으로 쳐들어가 이란의 왕좌를 빼앗고, 아버님 로스탐을 이란의 왕좌에 앉히겠습니다. 그다음에는 투란에 쳐들어가 투란 왕의 왕좌를 빼앗겠습니다. 아버님이 이란 국왕이 되면 어머님은 이란의 왕비가 됩니다. 아들인 제가 아버님을 돕겠습니다."

소년의 꿈은 멈출 줄을 몰랐다. 천하에 이름을 떨친 영웅의 피를 이어받았다고는 하나 아직 전쟁이 무엇인지 알지 못했다. 어머니에게 사랑받으며 자란 열 살 소년에 지나지 않았다. 국가와 국가 간의 전쟁이 얼마나 가혹한 것인지, 일국의 왕이 어떠한 계략을 짜는지 등은 열 살짜리 소년에 불과한 소랍으로서는 상상도 할 수 없는 것이었다.

그리고 '순환하는 천륜'은 소랍과 아직 본 적 없는 아버지 로스탐 사이에 국왕이 짜는 계략보다 더한 계략을 꾸며놓았다.

"어머님, 서둘러 말을 구해야겠습니다."

소랍의 작은 가슴은 이미 세계를 향해 고동치고 있었다.

소년 용사의 말 ─────

"나를 태우고 내 무기도 운반할 수 있는 말은 이렇게 삐쩍 마른 말이 아닙니다."

소년 소랍이 명마를 찾는 것을 알고 온 나라 사람이 차례차례로 훌륭한 말을 데리고 왔지만, 소랍이 한쪽 손을 말의 등에 올려놓는 것만으로도 말이 찌부러져버렸다. 그야말로 엄청난 괴력에 감탄의 탄성이 나올 뿐이었다.

소랍이 원하는 말은 발굽이 강철처럼 단단하고, 영양(羚羊)처럼 대지를 잘 달리고, 물고기처럼 강을 헤엄쳐 건널 수 있는 말이었다. 전쟁에 나가기 위해서는 제아무리 무거운 무기를 싣더라도 작은 동산처럼 꿈쩍도 하지 않는 말이 아니면 안 된다.

명마라고 불리는 수많은 말을 봤지만, 만족스러운 말을 발견할 수 없었다. 그러던 어느 날 용사 한 명이 다음과 같은 소식을 가져왔다.

"영웅 로스탐이 은밀하게 우리나라를 방문하여 소랍 도련님께서 태어나신 해에 영웅의 애마 라흐시도 우리나라 명마의 혈통을 이은 암말에게 새끼 한 마리를 임신시켰다고 합니다. 그 망아지는 한 살에 회오리바람처럼 달렸고, 번개처럼 뛰어올랐으며, 산과 들판뿐만 아니라 바다도 새처럼 한 번에 뛰어서 건넜습니다. 힘은 코끼리와 같고, 용기는 사자에게도 뒤지지 않습니다."

드디어 한 마리의 말이 나타났다. 거대한 바위와 같은 체격, 흑요석처럼 날카로운 눈, 강인한 신경이 깔린 근육…. 로스탐의 명마 라흐시를 아는 사람은 아버지 말의 모습을 이 말의 모습에서 찾아볼 수 있었다.

소년 소랍이 다가가자 말은 처음으로 자신이 태울 만한 주인을 만난 것처럼 얌전하게 굴었다. 어린 주인은 검을 차고, 방패를 들고, 오른손으로 든 창으로 대지를 찌르며 말의 등으로 뛰어올랐다…. 하지만 말은 조금도 몸을 휘청이지 않았다.

소랍의 어머니는 남편 로스탐의 용삼한 모습을 떠올리며 말을 탄 어린 무사를 바라보았다.

로스탐을 아버지로 둔 소년이 라흐시를 아버지로 둔 말을 얻다니!

소랍은 어머니에게 말한 대로 먼저 이란으로 쳐들어갈 준비를 했다. 온 나라 무장과 용사가 차례차례로 소랍에게로 모여들었다. 소국이라고는 하나 소랍은 사만간의 왕자이다. 그리스 투구, 비단 갑옷, 인도 검, 아름다운 완대(신분이 높음을 나타내는 한 쌍의 가느다란 끈과 굵은 띠)를 찬 말 등, 무구를 몸에 두른 소랍의 늠름한 모습은 마치 그림과 같았다. 그리고 로스탐 가문에 대대로 내려오는 홍옥 세 알을 박은 팔찌가 태양에 반사되어 빛났다.

"아드님, 결단코 잊어서는 안 됩니다. 이번에 출진하는 것은 아버님과 싸우기 위해서가 아닙니다. 아버님은 이란 최고, 아니 세계 최고의 영웅입니다. 당신이 제아무리 젊고 늠름해도 아버지가 보기에는 아직 입가에서 젖비린내가 가시지 않은 젊은이에 불과합니다. 게다가 자기 아버지와 싸우면⋯. 아아, 신이시여!"

어머니는 불길한 예감이 든 것처럼 하늘을 올려다보았다.

"어머님, 안심하십시오. 전쟁터에서 이란 군대와 마주치면 저쪽 편의 깃발 모양에 주의를 기울이겠습니다. 아버님의 군기는 '드래곤' 보양이고, 깃발 꼭대기에는 '황금 사자'가 달렸습니다. 이 두 가지 표식을 확인하면 즉시 제 이름을 밝히고 아버님을 우리 군대 총수로 맞이한 후 이란의 왕좌를 빼앗겠습니다. 무엇보다 이번 전쟁에는 아버님 얼굴을 잘 기억하고 계신 외숙부님께서도 참가하십니다."

한편, 이번 전쟁에 참가하는 사람은 사만간의 용사뿐만이 아니었다. 대국 투란이 지원군 1만 2,000명을 보냈다.

투란의 왕은 소랍의 출생 비밀을 알고 있었다. 그는 소랍 어머니가 우려하는 것, 즉 아버지와 아들이 싸울 수도 있다고 예상했고, 하물며 우려가 현실이 되게 유도할 생각이었다. 하지만 사자가 가져온 왕의 서신에는 "이란 공격을 목표로 삼은 젊은 무사의 용기를 칭송하는 뜻으로 투란 병사 1만 2,000명을 지원군으로 파견하겠노라"라고 적혀 있었다.

"로스탐의 아들 소랍의 강인한 힘은 장차 우리에게 위협이 될 수 있다. 그가 만일 로스탐과 싸우면 젊은이의 싱싱한 힘이 노영웅 로스탐을 쓰러뜨릴지도 모른다. 로스탐 없는 이란은 왕국이라고 할 수 없는 애처로운 존재에 지나지 않는다. 따로 파견하는 우리 대군이 그 나라를 계략에 빠뜨릴 것이다. 소랍은 어차피 어린애. 승전에 취해 자고 있을 때 죽여버려라. 또한 만일 로스탐이 젊은 무사의 목숨을 빼앗으면 아버지가 아들을 죽였다고 떠들어대라. 가련하고 용맹한 로스탐은 자기 손으로 자식을 죽인 것을 알면 슬퍼서 탄식하다가 스스로 목숨을 끊을 것이다."

과연 투르의 피를 이어받은 투란 왕이었다. 그는 심복을 불러 모아놓고 목소리를 낮추어 다음과 같이 말했다.

"잘 듣거라. 그러기 위해서는 아버지가 아들을, 아들이 아버지를, 서로가 서로를 알아보지 못하게 해야 한다. 아비지 로스탐의 깃발 문양이 무엇인지 소랍에게 가르쳐주어서는 안 된다."

소년 용사는 이러한 계략이 있는 줄은 꿈에도 모른 채 어머니에게 작별을 고하고 지원군과 병사를 데리고 이란 국경으로 향했다.

백아성(白牙城)의 여검사

이란과 투란의 국경에는 난공불락의 요새가 있었다. 시야를 차단하는 것이 없는 황야에 위치한 이 요새는 깎아지른 듯이 솟아 있는 순백색 바위처럼도 보이고, 마물의 날카로운 이빨처럼도 보였다. 사람들이 '백아성'이라고 부르는 이 요새의 주인은 전쟁 경험이 많고 실력이 출중한 장군 하지르(Hadzir)였다. 그가 국경 경비를 맡는 한 이란은 의심할 여지 없이 평온하고 태평할 것이라며 국왕도 절대적으로 신임하는 인물이었다.

고향 사만간에서 출발한 젊은 무사 소랍이 먼저 상대해야 하는 것이 바로 백아성이었다.

"먼저 사전연습으로 이 요새를 함락시켜보자."

소랍은 처음으로 전쟁에 나가는 용사가 누구나 그런 것처럼 자신의 검, 창, 그리고 올가미를 시험해보고 싶어서 참을 수가 없었다. 그는 혼자서 말을 몰아서 백아성 앞까지 가서 적에게 소리쳤다. 즉시 한바탕 흙먼지를 일으키며 말을 탄 장수 한 명이 나타났다.

"이 성의 주인, 국경을 지키는 하지르가 바로 나다. 너 같은 젊은이는 나 혼자서 상대해도 충분하다. 내 말이 끝나기 전에 네 목이 날아갈 것이다."

순식간에 창이 뒤엉켜서 창을 버리고 강철 검으로 방패를 후려쳤다. 그리고 당시 전투 관습에 따라서 검을 버리고, 방패를 버리고, 마지막에는 말을 몰면서 싸웠다. 바위와 바위, 산과 산이 부딪치는 일대일 승부였다.

로스탐의 아들 소랍이 이윽고 성주 하지르를 대지에 메다꽂고 목을 비틀려는 찰나,

"젊은 무사여, 나를 살려주시오."

백발 섞인 무장이 가련하게 애원했다.

'좋아! 이자에게 이란 군대의 상황을 듣자.'

소랍은 하지르를 꽁꽁 묶어서 아군에게 맡겼다. 그러자 백아성 성문에서 새로운 젊은 무사 한 명이 말을 타고 나타났다.

"나에게 맞설 용사가 투란군에 있느냐?"

홍조를 띤 뺨! 이 젊은이도 첫 출전인 듯했다. 풍경 소리처럼 청량하게 울려 퍼지는 목소리는 이자가 얼마나 젊은지 말해주었다. 하지만 말을 다루는 솜씨가 뛰어났고, 손에는 활을 들고 있었다.

소랍은 적을 맞이하여 큰 소리로 외쳤다.

"오오! 젊은 먹잇감이 자진하여 나타났구나!"

적은 소랍을 향해 눈 깜짝할 사이에 비처럼 활을 퍼부었다. 소랍이 말을 발로 차자 말이 땅에서 뛰어올라 화살을 피했다. 방패가 활을 튕겨냈다. 적은 화살이 떨어지자 이번에는 창으로 공격해왔다.

소랍은 방패를 들고 말을 몰았다. 그리고 그 기세 그대로 적군의 가슴팍을 공격했다. 적이 비틀거리자 검을 뽑아서 그의 창을 두 동강 냈다. 소랍은 다시 말을 고쳐 탔다.

소랍의 검이 상대의 창을 반 토막 내고 그 기세로 적의 갑옷까지

찢은 것일까? 적은 갑옷이 풀리려는 상태로 말머리를 돌려 달아나려고 했다. 소랍이 그를 추격했다. 말과 말이 부딪쳐서 상대 기사가 땅으로 떨어지자 한쪽으로 기울었던 갑옷 속에서 길고 아름다운 검은 머리카락이 흘러내려 젊은 기사의 이마를 가렸다.

"아아! 여자였군."

검을 잡은 소랍의 손에서도 긴장이 풀렸다. 갸륵하게 싸운 이란의 용사가 여자였다니!

하물며 어쩌나 아름다운 뺨과 깊고 검은 눈빛을 하고 있던지! 사만간의 젊은이가 태어나서 처음 보는 이란의 미녀였다. 그는 아름다운 사냥감을 끌고 아군 진지로 돌아가려고 했다.

그러자 여기사의 홍조를 띤 뺨에 아름다운 미소가 떠올랐다. 붉은 입술은 새빨간 대추와 같았고, 입가에서는 진주 같은 치아가 보였다가 가려졌다가 했고, 두 눈은 영양의 부드러운 눈동자에 비유할 만했다.

"아아, 용감한 기사님! 당신은 지금까지 제가 싸워본 사람 중에서 가장 강한 분입니다. 하지만 잘 생각해보십시오. 당신이 잡은 기사가 여자라는 게 알려지면 천하의 용사인 당신의 명성이 손상될 것입니다. 이렇게 하시면 어떻겠습니까? 저와 함께 요새로 가주시면 그 보답으로 성문을 열고 재산과 군병과 성채를 모두 당신에게 드리겠습니다."

로스탐의 피를 이어받은 용사라고는 하나 아직 나이 어린 소년이었다. 소랍은 황야에 핀 한 떨기 꽃 같은 여성의 아름다움에 매료되어 그녀의 뒤를 따라서 백아성으로 말을 몰았다.

성문이 살짝 열렸다. 여성을 태운 말이 그 틈새로 뱀처럼 성안으로 미끄러져 들어가자 성문은 소리도 없이 닫혔다. 가까이에서 올려다보니 소랍의 눈에 성은 소름 끼치는 송곳니가 우뚝 솟아 있는 것처럼 보였다. 하지만 곧 성문이 활짝 열리고 미녀가 성의 보물창고 열쇠를 가지고 나오겠지.

그때 높은 성채 위에서 눈부신 웃음소리가 들려왔다.

"어머나! 언제까지 기다리실 거죠? 투란의 젊은 무사님, 그만 돌아가십시오."

아아, 속았구나!

사려 깊게 행동하지 못했다는 생각에 분했다. 하지만 휘하의 부하가 없는 혼자 몸으로는 성을 상대로 어찌할 도리가 없었다.

"당신은 투란인치고는 체격이 훌륭합니다. 창술도 검술도 말을 다루는 실력도 뛰어납니다. 하지만 이란에는 로스탐이라는 영웅이 있습니다. 그의 손에 걸리면 젊은 사자와 같은 용맹함을 뽐내는 당신도 살아서 돌아갈 수 없을 것입니다. 여기에서 투란으로 돌아갈 것을 권합니다. 당신의 그 훌륭한 어깨, 큰 나무와 같은 목덜미가 무참하게도 전쟁터에서 날뛰는 성난 표범의 먹잇감이 되면 어머님께서 슬퍼하실 것입니다."

깔깔거리는 웃음소리와 비웃는 듯하기도 하고 타이르는 듯하기도 한 말소리가 들려왔지만, 높은 순백색 성벽 위에서는 미녀의 모습이 보이지 않았다.

이는 하늘에서 들려오는 목소리, '순환하는 천륜'의 목소리일까?

하지만 소랍은 이를 갈 뿐이었다.

"좋아. 내일은 이 성을 송두리째 없애버리겠어. 여자여, 그때가 되어서 후회하지 말아라!"

그는 말머리를 돌려서 황야를 발로 차며 아군 진지로 돌아갔다. 내일 아침에 붉은 태양이 동쪽 하늘로 얼굴을 내밀자마자 성으로 쳐들어가서 적병을 한 명도 남기지 않고 꽁꽁 묶어버리자.

그의 젊은 가슴에서는 노여움의 거친 불길이 치솟았다. 하지만 불길 속에는 희미한 한줄기였으나 길고 검은 머리의 미인, 그 여기사를 향한 달콤한 마음이 섞여 있었다.

운명의 장난 ─────────

다음 날 소랍은 백아성으로 쳐들어갔다. 예상과 달리 아무런 저항도 없었다. 굳게 닫혀 있던 성문을 부수고 안으로 들어가보니 적군 병사는 물론이고 그를 계략에 빠뜨렸던 미녀도 보이지 않았다. 그들은 하룻밤 사이에 한 명도 남기지 않고 샛길로 빠져나가서 국왕군의 주력부대에 합류한 것이었다.

이날부터 전쟁은 차례차례로 이란 영토 내에서 벌어졌다. 사만 간의 젊고 용감무쌍한 무사의 명성이 이란 전국으로 퍼져나갔다.

"앳된 얼굴을 한, 열세 살도 채 되지 않은 투란의 용사! 건강하게 쭉쭉 자란 사이프러스 나무와 같은 키, 새끼 사자의 가슴, 낙타처럼 강인한 어깨. 검을 손에 쥐면 바위산도 두려워서 벌벌 떨고, 창을 들면 천지도 겁을 먹는다. 말을 다루는 솜씨는 나리만 가문의 용맹한 장군 삼과 백발 잘에 필적할 것이다. 어떠한 적도 두려워하지 않고 혼자서 적진으로 쳐들어가는 용기는 우리의 영웅 로스탐을 떠오르게 한다. 저토록 강인한 용사가 있었다니, 이제 투란도 얕볼 수 없는 적이 되었구나.”

　하지만 영웅 로스탐은 적군이 접근해오고 있다는 소식을 전해 듣고도 진영을 움직이려고 하지 않았다. 숙적 투란은 확실히 만만치 않은 상태지만, 로스탐을 상대로 싸울 수 있을 만한 군대 세력이 전혀 되지 못한다. 소문이 자자한 소년 용사도 투란인이라면 별 대단할 것이 없을 것이다.
　로스탐은 십수 년 전에 방문했던 사만간, 그 나라 아름다운 공주와 올렸던 결혼식을 떠올렸다. 그 착한 공주에게 아이가 생겼다고 들었는데….
　“아니, 그럴 리 없다. 그자는 내 아이가 아닐 것이다. 열 살이 조금 지난 아이가 전쟁을 하러 나올 리 없다. 무엇보다 나는 남자아이인지 여자아이인지조차 모르지 않는가.”
　번민을 떨쳐내려는 듯이 로스탐은 주연 준비를 하라고 명하고 수금을 연주하라고 했다. 이란 왕의 명령으로 드디어 내일은 투란군과 싸우러 가지 않으면 안 되었다.

아침의 황제(태양)가 반짝이는 황금 방패를 손에 들고 동쪽 하늘로 올라왔을 때 소랍은 그리스 투구를 쓰고, 인도 검을 허리에 차고, 말을 몰며 최전선에서 군사를 이끌었다. 그가 쫓으면 이란군은 물러서고, 공격하면 즉시 사방으로 흩어졌다. 젊은 무사의 활약상은 눈부셨다.

그리고 나서 병사를 멈추어 세우고, 지금 전방에서 진용을 재정비하는 이란군의 본진을 바라보았을 때 처음 출진하여 느끼는 흥분 외에 소랍의 가슴 깊은 곳에서는 한 가지 감동이 솟구쳤다.

"오늘 전투에서 아직까지 한 번도 뵌 적 없는 아버님을 뵐 수 있을지도 몰라!"

그는 출진할 때 어머니가 했던 말을 떠올렸다. 팔뚝에서 빛나는 로스탐의 홍옥 세 알이 지금은 갑옷 아래에 감추어져 있었다.

소랍은 약간 높은 언덕 위에 올라서서 이란군의 전체 진용을 내려다보면서 백아성에서 붙잡은 성주 하지르에게 말했다.

"백아성 성주 하지르여, 거짓 없이 대답해주십시오."

붙잡힌 장군의 귀에 소년의 목소리가 늠름하게 울려 퍼졌다.

"저 비단으로 빛나는 대형 막사! 코끼리 100마리가 그 앞을 지키고 있고 깃발 문양은 황금 태양이며 깃발 꼭대기에는 황금 달이 달린 저 막사의 중앙에 놓인 파란 터키석 의자에 앉아 있는 저 장군은 누구십니까?"

하지르는 무릎을 꿇고 대답했다.

"오오! 저분이 바로 이란 국왕이옵니다."

"그 오른쪽에 있는 막사! 병사 무리에 둘러싸고 있으며 코끼리 문양 깃발이 세워진 검은 막사에는 누가 있습니까?"

"저곳에는 그 유명한 장군 투스(Tous)님이 계십니다."

전투가 시작되기 전에 양측 군대가 한곳에 모인 풍경은 화려한 의례의 장이라고 할 수 있다. 색색깔의 진막, 깃발, 화려하게 무구를 차려입은 용사들의 모습은 하늘로부터 내려받은 생명을 하늘로 돌려보내기 위해 생명의 힘을 찬탄하고 있는 것처럼 보인다.

소랍은 진막을 친 장수의 이름을 차례차례로 캐물었다.

"사자 문양이 그려진 짙은 보라색 깃발이 꽂혀 있고, 붉은 진막이 쳐진 저 막사에는 누가 계십니까? 오오! 그야말로 많은 병사가 검과 창을 손에 들고 지키고 있구나."

"저기에는 용감무쌍한 구다르즈(Goudarz)님이 계십니다. 그 누구 하나 실력이 뒤떨어지지 않는 여든 명의 아들이 저렇게 장군을 지키고 있는 것입니다."

"그러면 대형 막사의 색깔은 초록색이고 깃발 문양은 '드래곤'이며 깃발 꼭대기에는 '황금 사자'가 달린 저곳에는 누가 계십니까? 밤에 바위 위에서 울부짖는 노도와 같은 말의 울음소리 속에서 침착하게 앉아 있는 저 장군은 지금까지 본 그 누구보다도 훌륭한 무장 같은데, 신에 맹세하고 진실을 말씀해주십시오."

이번에야말로 아버지 로스탐의 이름이 나올 것이다. 젊은 무사는 뛰는 가슴을 부여잡고 하지르를 바라보았다.

하지르는 이 소년 용사가 로스탐의 아들이라는 사실을 당연히 몰랐다. 하지만 백아성 앞에서 벌인 일대일 대결로 미루어보았을 때 저 정도 실력이면 우리 이란의 영웅 로스탐도 위태로울 수 있다. 만일 사실대로 이름을 고하면 이 젊은 무사는 혈기를 참지 못하는 영웅 로스탐한테서 영웅이라는 이름을 빼앗으려고 깃발 문양은 '드래곤'이고 깃발 꼭대기에는 '황금 사자'가 달린 곳을 제일 먼저 공격할 것이다. 로스탐의 이름은 입에 담지 말자.

하지르는 머리를 갸웃거리며 "제 기억에 저곳에는 얼마 전에 지나에서 온 장수가 머무는데…, 이름은 무엇인지 모릅니다"라고 말했다.

"지나에서 온 장수? 아니, 키가 저리 크고, 어깨가 바위처럼 넓은데…. 저분이 영웅 로스탐 아닙니까?"

"아닙니다. 아닙니다. 저분은 지나에서 온 분입니다."

'그러면 어머님께서 알려주신 깃발 문양은 드래곤이고 깃발 꼭대기에는 황금 사자가 달렸다는 것이 잘못된 정보인가?'

한편, 하지르는 공명심이 앞서는 젊은 무사의 얼굴에 실망하는 빛이 어리는 것을 보고 자신의 추측이 틀리지 않았음을 확신했다.

'그래. 로스탐이 누구인지 가르쳐주지 않는 게 좋겠어.'

하지르는 이란 왕국을 위해 로스탐이 누구인지 밝히지 않았다.

'순환하는 천륜'은 아버지를 찾는 소랍에게 먼저 첫 번째 화살을 쏘았다.

소랍은 계속해서 각각의 진막에 어떤 용사가 머무는지를 물었다.

깃발 꼭대기의 황금 장식은 하늘에 닿을 것 같고, 수많은 기사와 코끼리에 둘러싸인 막사는 용사 중의 용사 기웨(Giwe)님이 머무는 곳.

하얀 막사에 비단 장막을 늘어뜨리고, 병사 1,000명이 들 수 있는 쌍지창과 방패가 반짝이는 수정의 수풀처럼 보이는 곳은 이란 왕자가 머무는 곳.

황금 진막, 다채로운 색깔의 깃발, 멧돼지 깃발 문양, 은백색 달 모양의 깃발 꼭대기 장식이 달린 곳은 어떠한 위기에도 버틸 수 있는 강인한 용사 구라즈(Guraz)가 머무는 곳.

세상에 이름을 떨친 용감한 이란 장수의 이름이 모두 열거되었는데, 로스탐의 이름은 나오지 않았다.

"저 초록색 진막…. 키가 크고, 깃발 문양은 드래곤이고…."

'드래곤' 깃발 문양과 '황금 사자' 모양의 깃발 꼭대기 장식이 마음에 걸렸지만….

"지나에서 오신 분의 성함은 모릅니다."

"저것이 지나에서 온 장수라면 이란의 수호자라고 불리는 영웅 로스탐은 어디에 있습니까?"

하지만 하지르는 침착하게 대답했다.

"당신은 로스탐에게 관심이 있는 모양입니다만, 이란의 영웅은 당신에게 관심이 없는 거겠죠. 지금쯤 술잔을 손에 들고 여유롭게 이란군이 승리했다는 소식을 기다리고 있을 것이 틀림없습니다. 무엇보다 당신처럼 젊은 분이 영웅 로스탐에게 맞섰다가는 순식간에 한 줌의 흙이 될 것입니다."

이 말을 듣고 소랍은 결심했다.

'이 전쟁터에는 아버님이 계시지 않는구나. 좋아. 마음껏 날뛰자.'

아버님을 만나지 못하는 슬픔은 무용을 원하는 거친 피의 들끓음 속에 차츰 가라앉았다.

소랍이 올가미, 활, 검, 창, 철퇴를 갖추고 전쟁 준비를 끝마쳤을 때 외숙부가 죽었다는 소식이 전해졌다. 이번 전쟁에 임하는 아군 중에서 유일하게 영웅 로스탐을 아는 외숙부님께서!

'순환하는 천륜'은 이렇게 두 번째 화살을 소랍에게 날렸다.

아버지와 아들의 전투 ─────────

외숙부의 전사 소식을 들은 소랍은 거대한 코끼리처럼 큰 소리로 울부짖으며 이란 왕의 막사를 향해 말을 몰았다.

"나는 맹세하노라! 이란 국왕을 교수대에 올리겠다. 이 전쟁터에서 이란군 병사는 단 한 명도 살아서 돌아갈 수 없을 것이다. 내 창에 맞설 자가 있느냐?"

이란 왕은 자신의 진영에서 나서는 자가 아무도 없는 것을 보고 즉시 영웅 로스탐을 내보냈다.

로스탐은 호랑이 가죽 가슴 보호대에 비단 띠를 묶은 후 애마 라흐시를 타고 앞으로 나아갔다.

"기껏해야 젊은 애송이 한 명을 상대로 이토록 허둥대다니 이게 대체 무슨 꼴인가!"

수없이 많은 전쟁을 경험한 로스탐은 어린 나무와 같은 무사를 보고도 침착했다. 소랍은 외숙부를 잃은 데다가 아버지도 만나지 못하는 분노에 몸을 떨었다.

"덤벼라! 일대일로 승부를 가리자. 이란과 투란, 양쪽 병사 모두 끼어들지 말아라."

한 명은 라흐시를 타고, 다른 한 명은 라흐시의 새끼를 타고, 두 사람은 전열에서 멀리 떨어졌다. 방해자가 끼어들지 못할 만한 장소에서 일대일 승부를 가리기 위함이었다.

서로가 누구인지 모른 채 두 사람은 마주 섰다. 불현듯 소랍의 가슴에서 처음 만나는 노용사(老勇士)에 대한 그리운 감정이 솟아났다.

"노인장! 당신 어깨는 바위처럼 강하고 안장 위에 걸터앉은 허리는 작은 산과 같지만, 나에게 일격을 당하면 버텨내지 못할 것입니다."

로스탐이 온화하게 대답했다.

"젊은 무사여! 늙은이라고는 하나 나는 진쟁디에서 지라고 전쟁터에서 살며 수없이 많은 적을 무찔렀네. 봐주지 말고 덤비게. 그나저나 실로 앳된 젊은이로군. 아아! 신이시여, 이자의 목숨을 빼앗다니!"

이윽고 창을 들고 검을 뽑아 든 소랍의 머리에서 어머니가 했던 말이 번뜩 떠올랐다.

"한 가지만 여쭙겠습니다. 부디 진실을 말씀해주십시오. 당신은 이란의 영웅, 삼 나리만 가문의 로스탐님이 아닙니까?"

"로스탐이라…. 내가 말인가…?"

이렇게 살펴보니 처음 출전한 젊은이치고는 차분해 보였다. 그는 말을 이었다.

"아니, 나는 영웅이 아닐세. 갖가지 무훈을 세우기는 했으나, 이름도 없는 무사에 지나지 않네."

로스탐은 세상의 영웅으로 칭송받은 자신이 젊은 무사에게 지면 대국 이란의 명예가 손상될 것이라고 생각했다.

한편, 소랍도 이렇게 물었는데도 이름을 밝히지 않는 노병에게 자기 이름을 밝힐 필요는 없겠다고 생각했다.

소랍은 '순환하는 천륜'이 날린 세 번째 화살을 맞았다.

'순환하는 천륜'은 이처럼 사람 마음을 가지고 놀며 현세라는 임시 숙소의 흑과 백, 행복과 불행, 선과 악을 바꾸어놓는다.

두 사람이 사용한 무기는 먼저 짧은 창, 그다음에는 인도의 검이었다. 부모와 자식은 실제와 거울이 비춘 상과 같다. 로스탐의 검과 소랍의 검은 같은 속도와 같은 힘으로 부딪쳐서 강철 칼날의 이가 빠졌고, 다시 한번 검을 휘두르자 이윽고 두 자루의 철봉처럼 되었다. 철퇴를 휘두르면 철퇴가 구부러지고, 쇠사슬 갑옷은 소리를 내며 사방으로 튀고, 말도 사람도 몹시 지쳤으며, 땀과 흙이 범

벽이 되어서 어느 쪽이 로스탐이고 어느 쪽이 소랍인지 분간이 되지 않았다.

입안은 사막처럼 건조했다. 가슴속에서는 공허한 불꽃이 타올랐고, 손도 발도 움직이지 못하는 채 아버지는 고통스러워하고 아들은 괴로워했다.

바닷속에 사는 물고기와 황야에 사는 동물도 아버지와 자식이 싸우지는 않는다. 인간은 상대방을 무찌르는 것을 목표로 삼기 때문에 피를 나눈 아버지와 자식을 구분하지 못하는 것이다.

"젊은이여, 이미 날이 저물었네. 이번 전투에 하늘이 심판을 내리는 것은 내일이겠네."

상대방의 힘에 대한 경탄을 가슴에 품고 두 사람은 헤어졌고, 첫 번째 전투가 끝났다.

아군 진영으로 돌아오자 소랍은 단비를 맞은 어린 나무처럼 순식간에 몸에서 힘이 넘치는 것을 느꼈다. 아아, 태양이 하늘에 조금 더 머물렀다면 그 용사를 쓰러뜨릴 수 있었을 텐데.

그나저나 실로 강철처럼 강한 가슴이었다. 허리끈을 움켜잡아도 꿈쩍도 하지 않는 허리의 단단함, 내려친 철퇴를 견디는 낙타처럼 강인한 어깨! 그는 지금까지 싸운 용사와 비교가 되지 않을 만큼 벅찬 상대였다.

청춘은 힘이다. 젊음은 미래를 두려워하지 않는다. 소랍은 내일에 기대하는 바가 있는 것이다. 소랍은 주연 준비를 하라고 명했다. 이윽고 차려진 붉은 술을 마시며 비파 소리를 듣다 보니 노용사의 강철 같은 가슴 촉감이 되살아났다. 그는 투란 왕이 파견한 원조군을 이끄는 장군을 불렀다.

"오늘 내가 싸운 사람이 로스탐이 아닐까? 사자와 같은 가슴과 어깨, 그리고 목덜미까지 내가 들은 영웅 로스탐의 체형과 흡사하던데."

장군은 '아버지가 자식을, 자식이 아버지를 서로 알아보지 못하게 해라…'라고 했던 왕의 엄명을 잊지 않았다. 이에 장군은 다음과 같이 대답했다.

"아니요. 로스탐은 훨씬 무서운 놈입니다. 당신의 힘으로도 아마 대적하기 힘들 것입니다."

이 말에 담긴 독이 젊은이의 공명심을 부채질했다. 소랍은 즉시 용맹심을 불태우고 활력을 되찾은 후 내일 있을 전투를 꿈꾸며 기분 좋은 잠에 빠졌다.

로스탐은 이미 셀 수 없이 많은 생명을 쓰러뜨린 노용사이다. 오늘 전투에서 있었던 일 가운데 그가 떠올린 것은 무기를 잡기 전에 젊은 무사가 보인, 그리운 사람을 바라보는 듯한 시선이었다. 그리고 젊은이답지 않은 강철 같은 몸과 무기를 들고 싸울 때 창, 검, 철퇴를 다루는 확실한 기술에 혀를 내두를 뿐이었다. 어깨에 철퇴 일격을 맞고는 하마터면 질 뻔했다.

그나저나 투란의 이름도 없는 젊은 무사가 세상의 영웅이라고 칭송받는 자신을 그토록 궁지로 내몰다니! 아아, 나이는 이기지 못하는 것인가…?

자식 소랍은 붉은 술을 마시고 있는데, 아버지 로스탐은 동생을 불러서 다음과 같이 말했다.

"내일 전쟁터에서 내 시체를 보게 되더라도 슬퍼하지 마라. 그때는 즉시 고향으로 돌아가서 먼저 어머님과 또한 아버님을 위로해 다오. 왕이든 영웅이든 아버지와 어머니한테서 태어난 자는 이 세상에 영원히 머물 수 없는 법이니까."

밤의 어둠에 갇혀 이란과 투란의 양 군대는 정적 속에서 잠들었다. 달도 로스탐과 소랍 부자의 전투를 슬퍼 여겨 모습을 보이지 않았고, 별은 눈물처럼 밤하늘에서 빛났다. 사막과 황야에 아침이 소리 없이 찾아왔다.

아침을 고하는 것은 샛별의 반짝임이었다. 아침 바람이 불자 이란의 전쟁터는 어둠 속에서 순식간에 흰빛 속으로 떠올랐다. 하지만 양 진영은 마치 죽은 것처럼 아무런 소리도 내지 않았다.

처음에 들린 것은 라흐시의 울음소리였을까? 그에 호응하듯이 말 울음소리가 소랍의 진영에서 나자 젊은 무사는 눈을 떴다.

하룻밤의 잠이 젊은이에게서 피로를 제거해주었다. 그는 기운이 솟아 흥분한 애마를 달랜 후 쇠사슬 갑옷을 몸에 걸치고 적의 숨통을 끊을 단검을 준비했다. 땅에는 선명한 색깔의 깔개가 깔려 있었다. 소랍은 그 위에서 충분히 배를 채웠다.

아버지와 아들을 하나의 전쟁으로 내몬 '천륜'은 어제 전투한 흔적을 아침 바람으로 이미 지워놓았다.

노용사의 모습을 멀리서 확인하자 철퇴를 쥔 소랍의 손에 용맹한 힘이 깃들었다.

하지만 가까이에서 서로 마주 바라보자 신기하게도 젊은 무사의 뺨에는 하룻밤 연회를 함께 즐긴 것 같은 친근한 미소가 떠올랐다.

"노인장, 기분은 어떠십니까? 저는 이 잔혹한 철퇴를 던져버리고 신 앞에서 당신과 화해하고 싶습니다. 부디 당신의 이름을 밝혀주십시오. 저는….."

"젊은이여, 어제는 그대의 그와 같은 유혹에 내 힘이 무디어졌으나, 오늘은 속지 않을걸세. 싸움에 말은 필요 없네."

소랍은 다시금 따뜻한 마음을 버리고 싸워야만 했다. 두 사람은 말에서 내려 바위 모서리에 말을 매고, 갑옷과 투구의 끈을 매고 마주 바라보았다.

이 전투에는 증오는 없고 그저 고통이 있을 뿐이었다. 땀과 피와 흙이 범벅이 되어 상대의 팔을 잡고, 허리끈을 움켜쥐고, 내던져 쓰러뜨리고, 깔아 눕히는 육체의 고통만을 말하는 것이 아니다. 그들의 가슴 깊은 곳에 묻혀 있는 똑같은 하나의 비밀이 '순환하는 천륜'에게 희롱당하는 고통이었다. 그들은 사자처럼 서로를 움켜쥐고, 술에 취한 코끼리처럼 몸을 서로 부딪치고, 상처 입은 표범처럼 피를 흘렸다. 전투는 끔찍하게 작열하는 태양이 동쪽에서 서쪽 하늘로 넘어갈 때까지 계속되었다.

마침내 소랍은 적의 허리끈을 움켜쥐고 고통을 끝내기 위해 마지막 남은 힘을 모조리 짜냈다. 젊은이의 가슴 깊은 곳에서 분노,

원망, 슬픔의 외침이 솟구쳐 올라왔다. 늙은 사자는 대지에 내던져졌다.

젊은이는 늙은 사자의 가슴에 올라타서 적의 목을 꽉 누르고 번쩍이는 단검을 빼 들었다.

늙은 용사 로스탐은 여태까지 전쟁터에서 보낸 긴 생애 동안 셀수 없을 정도로 많이, 지금 자신을 찌르려고 하는 젊은 사자의 입장에 있었을 것이다. 그는 침착하게 다음과 같이 말했다.

"젊은이여, 그대는 전투 방법을 모르는군. 우리 이란의 관습을 가르쳐주지. 오늘 이 땅에서 그대와 내가 한 것 같은 일대일 승부에서는 한 번 이긴 것은 진정한 승리가 아니네. 두 번째로 깔아 눕혔을 때 상대의 목을 칠 영예가 주어지지."

소랍은 손을 놓았다. 로스탐이 꾀를 내어 젊은 사자의 발톱에서 빠져나간 것이다. 하지만 자기 자식인 소랍에게 용기와 관용, 그리고 그러한 '운명'이 없었다면 이란의 영웅은 목숨을 건질 수 없었을 것이다.

온종일 격투를 벌여 흐트러진 갑옷과 투구 차림으로 소랍이 돌아오자 투란 지원군을 통솔하는 장수가 그를 맞이했다. 소랍이 전투의 전말을 이야기하자 젊은이의 소견이 부족함을 한탄하며 하늘을 올려다본 후 다시 한번 독을 담은 말을 내뱉었다.

"아아! 힘은 세지만 분별력은 없는 젊은이여, 그러한 허황된 관습이 어느 나라에 있겠습니까? 당신은 사자를 붙잡은 후 그 사자를 놓아주기 위해 온종일 싸운 것입니까?"

소랍은 자신의 무지와 관용을 수치스럽게 여기고, 자기 자신에 대한 분노를 내일 있을 전투의 에너지원으로 삼았다.

젊은 시절 로스탐은 바위를 밟으면 발이 바위에 파고들 정도의 힘을 신에게 받았었다. 적과 싸울 때 불리하게 작용하기도 하는 이 과도한 힘을 그는 신에게 기도하여 제거했다.

오늘 자신을 깔아 눕힌 강적, 사실은 자기 아들인 소랍을 속여서 위기에서 벗어난 로스탐은 강물로 몸을 정화하고 땅에 엎드려 신에게 기도를 올렸다.

"신이시여, 처음의 힘을 제게 돌려주십시오."

신이 고령의 영웅을 가엾게 여긴 모양인지 로스탐의 몸에 젊은 시절의 힘이 되돌아왔다.

전투 날의 아침 햇살이 검처럼 대지를 뒤덮은 밤의 어둠을 가르자 아버지와 아들의 머리 위에서 커다란 불행이 마지막 종을 치려고 했다.

소랍은 올가미를 팔에 걸고, 활을 쥐고, 젊은 사자처럼 으르렁거리며 말을 몰았다.

로스탐은 그것이 젊은 시절의 자기 모습임을 눈치채지 못했다. 그는 젊은이의 위세를 보고 경탄했다. 그리고 그 힘을 헤아려 짐작한 후 오늘은 어떻게 싸워야 하나 하고 여러모로 궁리했다.

"사자의 발톱에서 빠져나간 노인이여, 목숨이 두렵지 않은가? 왜

내 앞에 다시 나타났는가?"

그들은 말에서 내려 어제와 마찬가지로 바위 모서리에 말을 매고, 단단한 가죽 허리끈을 서로 움켜쥐고 싸우기 시작했다.

'순환하는 천륜'은 용사 소랍의 괴력에 제재를 가했다. 노용사 로스탐이 젊은 시절의 힘을 되찾은 것이다. 그가 격노하여 소랍의 머리와 어깨를 움켜쥐고 그의 등을 비틀어 구부리자 젊은 무사의 몸에서 힘이 빠져나갔다.

로스탐은 적을 대지에 내던지고 허리에서 검을 뽑아 재빨리 용감한 아들의 가슴을 찔렀다.

가슴은 피를 잃었고, 눈은 빛을 잃어갔다. 소랍은 마지막 숨결을 하늘로 돌려보낼 때 '순환하는 천륜'이 장치해둔 현세의 선과 악, 행복과 불행의 굴레에서 벗어나 자유로워졌다.

"노인, 당신에게는 죄가 없습니다. 운명이 저의 열쇠를 당신의 손에 놓아준 거겠죠. 저는 아버지가 누구인지 모른 채 자랐고, 아버지의 이름을 안 후 아버지를 찾기 위해 당신 나라까지 왔지만, 만나지 못한 채 젊은 목숨을 잃게 되었습니다. 하지만 아버지가 나의 죽음을 알면, 아버지를 찾다가 흙을 베개 삼아 죽은 아들의 원수를, 아버지 로스탐이 갚아줄 것입니다."

로스탐은 눈앞의 세계가 암흑이 되었고, 혼과 육체가 모두 어둠 속으로 떨어졌다. 하지만 이성을 되찾고 물었다.

"로스탐의 아들이라는 증거가 있는가? 아아! 영웅과 용사들의 이름에서 로스탐이라는 이름은 사라져버려야 해! 젊은이, 내가 로스탐일세."

소랍의 의식은 이미 흐려지고 있었다. 그는 얇은 비단에 비쳐 보이는 것이 무엇인지 알아보려는 듯한 눈으로 로스탐을 바라보았다.

"아아! 그토록 부탁했는데, 당신은 이름을 말해주지 않았습니다! 이 갑옷 속에 차고 있는 팔찌를 보십시오. 출진하던 날 어머님이 이것을 주셨습니다. '아버지의 기념품… 로스탐의 아들이라는 표식…'."

아버지 로스탐이 갑옷을 벗기자 차가워지고 있는 아들의 팔에서 홍옥 세 알이 박힌 팔찌가 드러났다.

"오오! 내 손으로 내 아들을 죽인 것인가?!"

아버지는 머리카락을 쥐어뜯고 피를 흘리며 자기 손과 하늘을 저주했다.

"슬퍼해서는 안 됩니다. 자기 생명을 단축시키면 안 됩니다. 일어나야 할 일이 일어난 것입니다."

소랍은 이 말과 함께 그의 짧은 생명을 하늘로 돌려보냈다.

해가 저물 무렵 이란 진영에서 용사 스무 명이 몰래 빠져나와 아버지와 아들이 싸우는 곳으로 다가갔다.

황야에는 말 두 마리가 서 있을 뿐 로스탐의 모습도 젊은 무사의 모습도 보이지 않았다. 전쟁이 얼마나 격렬했는지를 보여주는 흔적이 땅에 남아 있을 뿐이었다.

그로부터 한동안 로스탐의 행방은 누구에게도 알려지지 않았다.

맺음말

페르시아 신화는 로스탐 부자의 전투로 끝나지 않는다. 그는 다시금 나타나고, 그가 죽은 후에도 많은 왕과 영웅이 출현한다. 하지만 '아버지와 아들의 전투' 이후로 '신화'는 좀 더 인간적인 사랑 이야기의 세계로 돌입한다.

의붓아들인 아름다운 왕자를 향한 왕비의 경악스러운 사랑, 또 『로미오와 줄리엣』을 연상시키는 순애… 등이 그것이다.

하지만 '신화'이든 또 12세기 무렵부터 쓰인 '연애 서사시'이든 거기에 등장하는 왕과 왕비, 공주, 영웅들의 행복하고 불행한 아름다운 이야기는 반드시 배후에 '순환하는 천륜'이 지배하고 있다.

이란 사람들은 유사 이래로 그리고 오늘날에도 가혹한 사막 국가에서 살아가는 자신들의 인생을 틀림없이 이와 같은 잔혹하고 덧없는 것으로 여기고, 그래서 더욱 신 앞에 엎드려 기도를 올리는 것이리라.

그 후 로스탐은 죽기로 결심하고 죽을 곳을 찾아다니기도 하고 또 죽은 자를 되살린다는 영약을 구하러 다니기도 하지만, 이것 또한 이루어지지 않았다. 로스탐은 재차 속세의 사건과 얽히게 된다. 하지만 모든 이란인이 경애하는 이 영웅의 말로는 비참하다. 깊이 파인 구덩이 바닥에 수없는 창과 검이 칼날을 위로 향한 채 박힌,

그 깊은 어둠 속으로 애마 라흐시와 함께 떨어져서 결국 그 생명을 하늘로 돌려보냈다.

마지막으로 이 신화는 원전을 참고하고, 또한 다양한 참고 자료에서 발췌하여 하나의 형태로 정리하였음을 밝혀둡니다. 참고 문헌은 다음과 같습니다.

- 이토 기쿄(伊藤義教), 『페르시아 문화 도래 고찰(ペルシア文化渡来考)』, 이와나미쇼텐(岩波書店), 1980년
- Ferdowsi 저, 구로야나기 쓰네오(黒柳恒男) 역, 『샤나메: 페르시아 영웅 서사시(王書: ペルシャ英雄叙事詩)』, 헤이본샤 도요분코(平凡社 東洋文庫), 1969년
- 구로야나기 쓰네오(黒柳恒男) 편역, 『페르시아 신화: 샤나메에서(ペルシアの神話: 王書より)』, 다이류샤(泰流社), 1980년
- Afsānehāyīaz Shāhnāme, Tehrān n.d.
- A. J. Carnoy, Iranian Mythology, Boston 1917
- E. Yārshāter, Dāstānhāye Shāhnāmeh, Tehrān 1959
- B. Faravashī, Jahān Farvary, Tehrān (T. University, No. 1572)
- Shāhnāme, Berukhyūm, 10 vols., Tehrān 1934-36

마지막으로 이 책이 완성될 때까지 마에자와 미치코 편집자님께 많은 신세를 졌습니다. 이 자리를 빌려 감사를 전합니다.

오카다 에미코

문고판 후기

　최근에는 전철에서 책을 읽는 사람을 찾아보기 힘들어졌다. 사실 흔들리는 전철 안에서 책을 읽는 것은 눈에 좋지 않다. 하지만 그 풍경은 책을 사랑하는 일본인을 상징하는 꽤 괜찮은 풍경이었다고 생각한다.

　하지만 본서의 무대인 이란에서는 책이나 신문을 읽는 사람보다 대화를 나누는 사람이 압도적으로 많다. 여자가 수다스러운 것은 어느 나라나 똑같지만, 이란에서 목격되는 것과 같은 수다스러운 남자는 다른 나라에서는 좀처럼 찾아보기 힘들 것이다.

　본서에서 소개한 신화와 영웅, 전설의 땅에서 살아가는 현대 이란인의 생활상 일부를 문고판 후기로 소개하고 싶다.

　이란인 대부분은 이슬람교 신자이다. 이슬람교 신자는 계율에 따라서 하루에 다섯 번 기도를 올린다. 아침(일출 전), 낮, 밤(취침 전), 그리고 그 중간에 두 번을 합해서 총 다섯 번이다. 그들은 어디에 있든지 메카를 향해 기도를 올린다. 예배당이 근처에 없으면 집에서든 정원에서든 통로에서든 장소를 가리지 않고 기도한다. 그래서 이슬람 국가에서는 성지 방향에 화장실 등을 만들지 않는 것이 상식이고, 기도는 차 안에서도 비행기 안에서도 하기 때문에 최근에는 비행기 안에도 기도실이 마련되어 있다.

기도하기 전에 그들은 얼굴과 손발을 깨끗하게 닦는다. 사원에 반드시 물을 사용할 수 있는 공간이 마련되어 있는 것은 이 때문이다. 예배당에서도 가정에서도 메카 방향을 알 수 있게 코란을 두고, 예배용 융단을 깔아놓는다. 메카를 향해 코란 한 구절을 읽으며 서 있기도 하고 앉아 있기도 하고, 오른쪽과 왼쪽에 인사하는 몸짓을 하기도 한다. 그들이 기도하는 모습을 보면 이슬람교 신자는 전 세계 종교인 중에서도 특히 청결하고 성실한 사람들이라는 생각이 든다.

이 기도를 하루에 다섯 번, 매번 약 15분씩 하면 반드시 몸이 건강해진다. 그래서 "A 씨는 기도를 빼먹었기 때문에 병에 걸린 거야"라는 말을 듣기도 한다.

이슬람교 신자는 1년에 한 번 금식월(라마단)을 갖는다. 올해는 3월 23일부터 4월 21일까지가 금식 기간이다. 단, 유아, 병자, 임산부는 참가하지 않는다. 유아는 약 5~6세까지로, 보름간 참가하기도 한다.

이 기간에 이슬람교 신자는 해가 뜰 때부터 질 때까지 물을 비롯하여 음식을 일절 섭취하지 않는다. 이는 평소에 고기와 쌀, 튀김을 많이 섭취하는 이 지방 사람들의 건강에도 크게 도움이 될 것이라고 생각하지만, 한 달간 금식하는 것은 상당한 고행이다.

필자도 한 차례 금식에 참가한 적이 있는데, 금식 시간이 끝났음을 알리는 저녁 종소리를 얼마나 애타게 기다려졌는지 모른다. 점심을 먹지 않는 것이 예상보다 훨씬 힘들었던 것을 잊을 수 없다.

그들은 해가 뜨기 전에 충분히 음식을 섭취하여 하루에 대비한다. 주부는 버터로 볶은 쌀로 지은 밥을 밥그릇에 수북하게 담는다. 아침 식사를 충분히 섭취하여 오전 일찍 업무 효율을 높여 일하고 오후에는 되도록 뒹굴거리며 보내는 것이 금식월의 관습이다. 금식월 전에는 거리에서 칼로리가 높은 대추야자와 피스타치오 등을 산처럼 쌓아놓고 파는데, 마치 축제라도 열린 것처럼 북적거린다.

금식하느라 먹지 못한 한 달간의 점심 식사비는 사원에 기부한다. 그러면 가난한 사람에게 나누어주거나 사원을 복원하는 데 사용한다.

그리고 잘 알려진 바와 같이 이슬람 국가에서는 금요일이 휴일이다. 보통 금요일에는 옆집 사람이나 친구를 집에 초대하여 식사를 한다. 일본처럼 휴일을 조용히 가족끼리 보내는 경우는 거의 없다.

손님은 동네 사람, 지인, 친구, 종종 방문했던 손님 등등 다양한데, 본 적도 없는 친구의 친구가 오는 경우도 많다.

융단 위에 커다란 비닐을 깔아 식탁으로 삼고, 큰 접시에 담긴 음식을 늘어놓고, 다 함께 빙 둘러앉는다. 그들의 정찬은 점심 식사라서 고기와 튀김 등을 점심에 먹는다.

짧은 기도를 한 다음 시끌벅적하게 수다를 떨면서 식사를 하는데, 이때 집주인이 입을 연다.

"여러분, 로스탐의 이야기는 다들 아시죠? 그 비극, 로스탐과 에스판디야르(Esfandiyar)!", "아니, 신령한 새가 키운 백발 아기 이야기를 하자!", "그나저나 백발로 태어나다니!"

이란인 대부분은 검은 눈동자에 검은 머리카락을 지녔기 때문에 아기가 백발인 것을 보고 어떠한 천벌이 떨어졌다고 생각했을 것이다.

하지만 백발 아기는 신령한 새의 손에서 자라나 이윽고 영력을 가진 영웅이 되어서 세상의 온갖 악을 무찌른다.

이 책은 이란인이 어릴 때부터 아버지와 어머니에게 듣는 이야기를 모은 것이다. 그 이야기는 지금도 이렇게 이란 사람들의 생활 속에서 숨 쉬고 있다.

마지막으로 본서를 출판하면서 언제나 저의 책에 해설자로 참여해주시는 구쓰카케 요시히코 선생님과 현지에서 늘 새로운 정보를 알려주시는 나시모토 히로시 씨께 감사를 표하고 싶습니다.

또 저의 건강을 염려해주시는 주치의 스즈키 도모코 선생님, 의사 미즈시마 잇세이 선생님, 오쿠마 사토루 선생님, 제 친구 중 한 명인 기쿠치 마사코 씨를 비롯하여 사이토 준코 씨, 가와타 시즈에 씨, 마쓰타니 히사코 씨, 지바 아키코 씨, 도우미 여러분, 독서를 사랑하는 우리 가족에게 감사를 전하고 싶습니다. 그리고 무엇보다

이 책에 다시 한번 빛을 비추어주신 출판사분들께 감사 인사를 드리고 싶습니다. 진심으로 감사합니다.

　또한 본서의 초판 출간 당시 옆에서 아낌없는 조언을 해주었지만, 지금은 먼저 세상을 떠나고 없는 남편 오카다 마사오나의 영혼에게도 감사의 뜻을 전하는 것을 이해해주길 바랍니다.

오카다 에미코

페르시아 신화

초판 1쇄 인쇄 2024년 7월 10일
초판 1쇄 발행 2024년 7월 15일

저자 : 오카다 에미코
번역 : 김진희

펴낸이 : 이동섭
편집 : 이민규
디자인 : 조세연
영업 · 마케팅 : 송정환, 조정훈, 김려홍
e-BOOK : 홍인표, 최정수, 서찬웅, 김은혜, 정희철
관리 : 이윤미

㈜에이케이커뮤니케이션즈
등록 1996년 7월 9일(제302-1996-00026호)
주소 : 08513 서울특별시 금천구 디지털로 178, 1805호
TEL : 02-702-7963~5 FAX : 0303-3440-2024
http://www.amusementkorea.co.kr

ISBN 979-11-274-7731-8 03910

PERSIA NO SHINWA by Emiko Okada
Copyright © Emiko Okada, 2023
All rights reserved.
Original Japanese edition published by Chikumashobo Ltd.
Korean translation copyright © 2024 by AK Communications, inc.
This Korean edition published by arrangement with Chikumashobo Ltd., Tokyo

창작을 위한 자료집

AK 트리비아 시리즈